どろ海からのメッセージ

わたしの『一元の理』

岡田　悟

目次

表紙・イラスト　岡田悟

発刊に当たって

私がこの本を出版したいと思った理由は、天理教のようぼく・信者の皆様に、「元の理」を思案の置き所の一つとして、おたすけ活動に大いに活用していただきたいという思いからです。

私は昭和五十五年頃（三十七歳の時）、あるきっかけで「元の理」に興味をもち、魅せられ、虜《とりこ》になってしまいました。この事実を何とか世の人々に「広め」なければと思い、平成五年一月から「元の理」というタイトルで、毎月一回、思いついたテーマについて、私なりの思案で解説し、「元の理リーフレット」を作成してきました。

平成二十六年に、私と同じ甲賀大教会部内の「元の理」の愛好家たちが、「もっと数多くのようぼく・信者の皆様に『元の理』をアピールするために、手軽に手にしてもらい、理解を深め、おたすけに活用してもらえる『本』を出版してはどうか」と提案してくれました。

これは大変なことだと思いましたが、元々「元の理」の広めは、私の当初からの念願でもありましたので、「それでは」と腰を上げた次第です。その声を以て、同志たちは出版に向けた「編集会議」を立ち上げ、精力的に議論をすすめてくれました。

この本は、0《ゼロ》からの出発ではなくて、私が二十五年間、出してきた『元の理リーフレット』がありますので、それをベースに作成していこうと考えたものです。

「元の理」に関する本は、これまで著名な先輩先生方によりいろいろな切り口で出版されておりますので、「今さら私が……」と思いましたが、私なりに、これまでの「本」とは少し様相を変えて、次の点を特徴としたもので取り組んでみようと考えました。
○教理的解説というよりも、「おたすけ」につなげる思案や、そのためのヒントになることを提示すると共に、「伝え・広める」という実践的な「元の理」の世界を表現すること。
○「元の理」の根を掘る努力により体験した具体的なご守護の事実を紹介し、皆様にもその不思議な世界を共感していただくこと。
○視覚的には、イラストを存分に入れて「元の理」を楽しんで理解していただけるようにすること。
○文字は、私の手書き感覚の字体を用いて、親しみを感じていただくこと。

第一章では「元の理」には不思議な力が存在することを紹介します。

第二章では、その不思議な力のある「元の理」の思案から、身上・事情が解決するように誘《いざな》うためのヒントを「方角」「生き物」「数字」の三つのキーワードに分けて紐《ひも》解いていきます。たすかりのための思案です。

第三章では、私たちの暮らしが陽気ぐらしに近づいていくために必要なものと私が考える三点、即ち一点目は生活の基盤である「家族」、二点目は「おつとめ」、三点目は教祖の教えを広める「布教」、の三つに焦点を当てて「元の理」から見い出せるものを深めてみました。

第四章では、第三章までを読んでいただき、この「元の理」の教えの凄《すご》さ、大切さを感じてくださった皆様方に、世界の人々に語って貰いたい。広めて貰いたい、という「教祖」の思いにお応えさせていただくために、「語り部《かたべ》」となって、「陽気ぐらし」ができる誘い役になって貰いたいという、私の強い思いで締めくくっています。

以上のような観点から、「根を掘る」思案をしていく中で、読者の皆様の思案のヒントとなればと思い、十全のご守護（十柱の神名）の一つ一つから思いつくキーワードを羅列《られつ》し、「付録」としてまとめてみました。

この付録はそのキーワードも思案の置き所として、是非とも皆さんご自身の、おたすけのご守護につながるようにお役立ていただきたいと思います。

また、本文中には「語《かた》り部《べ》爺《じい》」と「もとのり君」が登場します。「もとのり君」が「語り部爺」に質問し、「語り部爺」が「元の理」を元に思案を深めながら回答していくシチュエーション（場面・状況）となっています。実話や悟りを会話形式で分かりやすく掲載しています。

この道は、「万人たすかる教え」であり、「万人がたすけられる教え」でもあります。万人とは、誰でも、即ち、男でも女でも、大人でも子供でも、教育があろうがなかろうが、全ての人がたすかる、たすけることができる教えであるはずです。だからこそ、教祖は、この「元の理」を教えてくださったのです。

教祖百三十年祭から次の塚に向かうこの旬に、私たちようぼくが教祖の手足となり、世界の人々に、この世の元、「元の理」を広めていく「語り部」にならせていただこうではありませんか。

なお本書の中には、私の体験のほかに、「元の理」に基づく思案・悟りからおたすけに結びついた何人かの経験談も載せています。私を含め本文執筆に関わったスタッフ一同未熟な者ばかりですので、個人的な悟りや、理の思案に欠ける不適切な表現もあるかも知れません。その点ご容赦願いたいと思います。

著者

序章　「元の理」の虜《とりこ》になったわけ

それは、昭和五十五年四月、本部月次祭でのことでした。私は、南礼拝場で多くの参拝者の一人としてお参りしていました。その頃、私は石川県金沢市へ単独布教に出て三年半ほど経ち、毎日「においがけ」に歩いていたのですが、においは一つもかからず、ただ黙々と歩くことだけが仕事でした。こんな毎日に心が落ち込んでくると、無性におぢばが恋しくなります。月次祭に帰ると、かぐらづとめからておどり、神殿講話が終わるまでじっと参拝させていただいていました。

その日もおつとめが終わり、さあ今月はどなたの神殿講話かなと楽しみにしていると、壇上に立たれた先生は本部員・西村勝造先生でした。その一節は次の通りでした。「今日《こんにち》、お道の教会は全部、かんろだいの方向に向かって拝をさせていただくということを思案した時、もう一つ、私は、四方八方の理とか、方向ということも、あまり

勉強しておられる方が少ないんじゃないかと思うのであります。皆様方のお勤めされておりますます教会が、かんろだいを中心として、自分の教会が艮《うしとら》（北東）に当たるか、坤《ひつじさる》（南西）に当たるか、一つ方角を一遍よく確かめていただいて、その得手のご用を先ずさせてもらうことを考えたらどうかと思うのであります」

この瞬間、私は頭の先から足の先まで、全身を電気が通り抜けたような感じがしました。同時に、先生がお話された教会の位置については、私たち一人ひとりが住んでいる場所にも、このことが当てはまるのではないかと思ったのです。

私は即座に頭の中に日本地図を描き、ぢ、

ば、と私の布教地の金沢をつないでみると、おぢばからほぼ北の方角でした。北の方角ということで「くにとこたちのみこと」のお働きについての思いが駆け巡ったのです。そして私の「元の理」に対する考え方が、脳天から打ち砕かれた思いがしたのでした。

これまでの私は、「元の理」が信仰する上でどのような位置にあるのかあまりよくわからず、強いて言えば、おつとめを説明する参考資料程度にしか考えてこなかったのです。これは、大変な考え違いをしていた。信仰していく上の添え物のように思っていた「元の理」のイメージが、ガラガラと崩れ出したのでした。

人間は、「元の理」というとてつもない大きな世界の中に生かされ、その中で一人ひとりが動いているのだ、という感覚が体中に充満し、まさにショックであり、このことが「元の理」を見つめ直す原動力になったのです。

第一章　現れた「不思議」

1・迎えた爽快《そうかい》な朝

○長年の「痔」の病が一夜の間に！

天理教甲賀大教会の初代会長は山田太右衛門《たえもん》（以下「初代会長」と表記）です。

初代会長は明治二十年、妻・きくの産後の患いをご守護いただき、入信を決意し、そのご恩に報いるため、すさまじい布教活動を開始したのです。三十四歳の時でした。不思議な霊救《れいきゅう》はそこここにあがり、信仰は近江の国（滋賀県）から地方へと伸び広がりました。

明治二十四年、美濃の国（岐阜県）の高須村という所に、吉田彦一郎という人がいました。十九代続いた吉田家は、その頃地方きっての豪農で、彼は銀行の頭取をしたり、従業員を多く抱える大きな店も構え、書見と作歌と庭いじりに明け暮れる風雅な日常を送っていたのです。

ところが、何不自由ない彼にも一つの悩みがありました。それは、幾年来続いた「痔」の患いでした。

その頃、彼は吉田家で店の番頭をしていた小出《こいで》兵次郎から、「天理教の本元《ほんもと》の話を聞くとたすかる」ということを聞いて、何としても聞きたくなったのです。もっと詳しく聞きたいので、「天理教の「一番偉い先生」に来てもらってくれと頼みました。ですから誰でもよいという訳にはいきません。それこそ「天理教の大先生」と言われる人に話を聞かせてもらいたいということで、その「大先生」を探したのですが、なかなかおられない。結果、その噂が流れ流れて初代会長のところまで来たのです。

入信より五年目、三十八歳の初代会長は「それではおたすけに」ということで、当時二十一歳の弟子・徳地《とくち》秀吉《ひできち》を連れて、岐阜県高須村の吉田彦一郎宅へと向かいます。明治二十四年十二月半ば頃のことでした。

その夜、客間に吉田彦一郎夫婦と番頭など主だった者が集まり、天理教の話を拝聴

することになったのです。
「大先生」のお越しということで、吉田彦一郎は大邸宅の客間へお招きし、いよいよ天理教の話を伺うことになりました。最初に、お伴の徳地秀吉が前席をつとめました。冷や汗をかき、しどろもどろで話を取次ぎましたが、吉田彦一郎たちは荒唐無稽《こうとうむけい》な話にうんざりしていました。
次は、いよいよ大先生のお話だと期待をもっていたのです。しかし、初代会長の話が、先程弟子が話した「元初りの話」などと全く同じ話なので大変ガッカリしました。
しかし一方、初代会長は、吉田彦一郎の失望感には見向きもせず、その話を繰り返し繰り返し続けられました。うんざりした聴衆をよそに、その話は夜遅くまで続いたのです。

翌朝のこと、吉田彦一郎は便所へ行って大変驚きました。それもそのはず、幾年来の悩みの種の「痔」が嘘のようにサッパリとしているではないですか。「昨晩聞いた話は一体何だったのか」と、驚きと喜びの念にかられ、神の不思議な霊救に感動し、即座に入信を決意したのでした。

2. なぜご守護があったのか

○「元の理」はたすける力をもった「をや」の苦労話

「元の理」は、『天理教教典』(以下「教典」と表記)第二章・第三章にも記されているように、たすけ一条の上に現そうとして教えられた「つとめの理」を、人々によく了解させようとして明かされた話ですから、たすかるための話、すなわち「たすけの理話」とも言われる、たすける力をもった話でもあります。

また、どろ海の中から、この世と人間を創造された「親神様のご苦労話」とも言えるものなのです。また、何よりもこの世の元の話でもあるのです。

親神様は人間の親であり、人間は親神様の子どもです。神の子の一人である初代会長が、痔で困っている吉田彦一郎に、「親のご苦労話」を取次いだのでした。それも、夜が更けるまで繰り返してでした。

この初代会長の話しぶり、態度をご覧になった親神様はとても喜ばれ勇まれたに違いないと思います。この親神様の喜びが人をたすける力となって吉田彦一郎に及び、長年の痔の患いを一夜の間に快復させるというご守護につながったのであろうと推察することができます。

○親を満足させ喜ばせるからである

つまり、初代会長は親神様を満足させ喜ばせたのです。人間が人間を救ける力などあるはずもない。しかし、一度親神様の力を戴けば、不可能が可能になるのです。

人間の世界でも、子どもが親を満足させ喜ばせる方法があります。その一つは、親が努力して苦労した話を、子どもが人様にしてくれているのを親が耳にした時です。

例えば、月次祭後の直会《なおらい》（会食）の時を想像してみてください。親の立場であるあなたが、月次祭をつとめられた満足感と、特に今日は息子も娘もおつとめ衣をつけてつとめてくれた喜びに浸って、人々と歓談しているとしましょう。

あなたが小用のため座を立ち、再びこの場所に戻ってきた時、部屋の中から息子の声がするので、外で立ち聞きしてしまいました。すると息子が、こんなことを言っているのが聞こえてきました。

「皆さん、私たちが子どもの時は、家がとても貧しくて食べる物も少なくてつらかったのです。両親はどこへ行っているのかいつも留守がちで、幼い私たちはよく留守番をしていたものです。両親は家の神様を拝んではどこかへ出て行き、また、トボトボ帰って来て神様を拝み、また、出かけるのです。後で分かったのですが、神様と病人さんの間をウロウロ行き来していたのでした。また、ある寒い冬の真夜中、何かの物音で目が覚め、私はどこで音がするのかと、その方へ行ったのです。すると、庭の井戸のところで父が寒風の吹く中、井戸水をかぶっていたのです。『南無天理王命、南

私が「元の理」の話を前にいる病人さんに話しているのではなく、実は親神様にお聞き頂いているのです。
すると、親神様は大変お喜びになられて
親神様
前の病人さんに助けの力を下さるということなのです。
私が病人さんを助けたのではなくて、私は、親神様のお喜び下さることをしただけなのですよ。

無天理王命』と唱えながら……。今から思うとあれがおたすけだったのですね」

　そんな息子の話をあなたが耳にしたら、どんな気持ちがしますか。私なら嬉し涙が出ます。子どもが親のおたすけの苦労話をしていたのです。親としたら心が勇んで、また、子どものために努力を惜しまない元気が湧いてくるのではないでしょうか。

　吉田彦一郎の痔が一夜の間に治った話は、これと同じことが親神様と初代会長の間に起こったのではないでしょうか。

　親神様が苦労して、時間をかけてこの世と人間をお造りくださった「元初りの話」を、神の子の一人である初代会長が、相手に馬鹿にされながらも、真剣に取次いだのです。親神様が喜ばれないはずはないのです。そう考えなければ、この話は解決がつきません。

3．信じていない人でもたすかる

○ご守護は勝手に一人歩きした

吉田彦一郎は長年の痔の患いを、天理教の話を聞いて、救けてほしいと心の底から願っていました。

しかし、初代会長の話は、前席の徳地秀吉と同じで、訳がわからずまったく理解の出来ない話でした。しかも、その話を何回も繰り返し話すので、吉田彦一郎は嘲《あざけ》りを通り越し、腹立たしくなったと言います。吉田彦一郎は、その「元初りの話」を聞いていても、「そんな話で痔が治るはずがあるか」と、おそらく疑いを持ちながらも、仕方なく聞いていたのではないでしょうか。

しかし、翌朝になって、あれほど長い間悩んでいた痔が嘘のように治っていたのでした。

まさしく、吉田彦一郎の心とは裏腹に、ご守護は勝手に一人歩きをしたのです。

こうなれば、もう疑う余地はありません。「痔が治った」という事実は、吉田彦一郎を歓喜させ、神の存在を実感せずにはおれなかった、というのが入信の真相であろうと容易に想像できます。

「証拠信心」という言葉がありますが、信じる（信仰）の一歩手前には、誰しも「不信」の心があります。しかし、一つの神の証《あかし》により、その心が逆転することが多くあります。そして、信仰心は徐々に深まり、確固たる信念に育ってゆくものではないでしょうか。

4．現代も同じ不思議現象

○まずは甲賀の初代をまねてみよう

ある教会の会長さんから聞いた信者さんのことです。

三重県津市に住むMさんは、仕事帰りに毎日教会へ足を運んでおられます。そんなある日のことです。

「会長さん、もう痔が痛うて我慢なりません。座るのも歩くのも痛くってどうにもなりません。このままでは明日の仕事ができるかどうか、心配です」

との言葉に、その会長さんは、ふと、あの甲賀初代の高須でのおたすけの話を思い起こし、

「M君、きみ~甲賀の初代の『大愚太右衛門《たいぐたえもん》』という本を読んだ事あるかい……」

と高須へのおたすけの話をして、「これ、君にあげるよ」と、私の作成している「元の理リーフレット」の裏面に書いている教典第三章「元の理」の抜粋《ばっすい》のコピーを手渡してくれたのでした。

その方は「会長さん、ありがとうございます」と痛いお尻を押さえながら帰られたそうです。

翌日、参拝に教会を訪れたM君の姿を見て、会長が「あれっ！　M君痔はどうしたの……」と尋ねるほど何もなかったようにすいすいと歩き、しっかりと正座をしていました。M君は、

「昨日、家へ帰ってあまりに痛いので、さっそく講社のお社の前に家族を呼んで、痔の話と高須でのおたすけの話をして、『お父さんの痔をたすけて欲しいから、すまん

が食事を後にして、みんなで一緒に、この〝元の理〟を拝読してくれないか』と頼んで、みんなで読み終ったらうそのように、痔の腫れが引き、今日一日何もなかったかのようにスッキリとしている」

というのです。以来、痔を忘れてしまっているということです。

『元の理』を読むだけでご守護があるんですよ」と話をしますと、「そんなことで本当にご守護あるの？　そんなことないでしょう……」と言われます。疑問に思われる方もあるでしょうが、まずは「元の理」を読んでみてください。

また、同じように「元の理」を読むだけで事情が治まった方の話を紹介します。

○廃業危機の店舗が復活

その方はある教会の布教所の息子さんで、携帯電話ショップを経営している人です。

その店では、一日の新規購入者が一人かゼロという日が続いて運営資金が底をつき、その経営者である布教所の息子さんが以前からつきあいのあった近所の教会へうなだれて相談に行かれました。

そこの会長さんは、資金を貸すことが出来ればいいのですが、そんなお金も無く考えた末に、「君、『元の理』読んでるかい?」と尋ねたところ、「いや、おつとめはしていますが、拝読はしていません……」というので、私の書いている「元の理リーフレット」を渡して、その裏面にある「元の理」を「天空に響き渡る声でお店の前で拝読させてもらえばどうですか」と言い、これまでそれによって救かった例話をいくつか話したのでした。

翌日、彼から電話があり、「電話口で泣いているので、これはてっきりお店がダメになったのかと思い、「力になれず、すまんなぁ〜」と謝ると、そうではないと言うのです。

よく聞くと、あれから帰って駅前にある店に向かって大きな声で「元の理」を拝読。会社帰りの人たちは怪訝《けげん》な顔で通り過ぎて行く。店に入ると、今度はカウンターの中から外に向かって大きな声で拝読。店の女の子たちが、「とうとう社長さん、気でも違ったのか」と覗き込む。帰宅して寝床に入っても眠れず、枕元に座り直し、おぢばの方向を向いて夜中に拝読。大きな声に驚いた奥さんが、「あなた大丈夫ですか?」と心配されたようです。

翌日、店を開けると奇跡のようなことが起こったのです。次から次へと新規購入者が店に並んだそうです。何故かわからないが、昨日までと今日では様相が変わったのです。この状況の変化の原因は何なのか、どう考えても「元の理」の拝読しか考えられず、嬉しくて電話をしてきたのだそうです。

その会長さんは、今日の売り上げは「種」として所属の教会へ運ばせてもらいなさいとアドバイスをしました。その日からお店が立ち直り始め、今では三店舗に増え、顧客も安定してきたとのことでした。

これらは実際にあった話です。どのようにお思いになるでしょうか。人間創造の元初りの「をや」の苦労話の「元の理」を読むということが、先ほどの甲賀の初代会長と親神様の関係と同じような働きをしたとしか思えないのです。「神が働けば」という言葉があります。この方は、信じて、凭《もた》れて、続けることで不思議自由《じゆうよう》のお働きをいただくことが出来たと、今も「をや」の苦労話が書かれた「元の理」の拝読を続けておられるそうです。

○中耳炎の痛みがスッキリ治まる

また、こんな方もおられます。

大阪に住む入信一年目の信者さんです。仕事から帰ると、次男のH君（十歳）が、アパートの一室で耳を押さえながら転げまわっている。よく見ると耳から膿《うみ》が垂れている。これは中耳炎かもと病院へ連れて走ると案の定、中耳炎でした。

もう少し遅れたら危なかったそうです。しばらくは毎日通院しなさいとのことでした。病院から帰っても痛みは止まらず、そこでその信者さんは、「そやっ！　会長さんからもらった『元の理』があったんや！」と思い出し、H君をみんなで囲んで「元

の理」を拝読。終わるころには痛みもスッキリなくなり、すやすやと寝息を立てて眠ってしまったそうです。

翌日、病院へ行くとお医者さんもびっくりして、一週間は毎日抗生剤を注射しなくてはと思っていたのに、完全に治っている。明日から来なくても良いとのことでした。

この事実を学校への連絡帳にありのままに書いて、翌日H君を休ませていたところ、夕方に担任の先生から電話で「連絡帳に書いてあるこの『元の理』ってなんですか?」と尋ねられたとか。そこで先生に「今から説明に向かいます」と言って、「元の理」を何枚もコピーして学校へ持参。職員室にいた先生方全員に「元の理」を配り、堂々と「一元の理」の説明をなされたそうです。なんと素直な人でしょう。以来、「一元の理」を持ち歩き、職場で地域でおたすけに励み、不思議を見せてもらわれています。

5．不思議・ご守護をいただくには

○自分を捨てられる阿呆になる

甲賀の初代会長の生き方は、「大愚太右衛門《たいぐたえもん》」と言われるほど、大馬鹿者のような生き方をされる中に大きなご守護がありました。無学文盲のため、初代会長の布教・おたすけは、聞いた話をそのまま伝えるところから始まっているのです。今、私たちが、においがけ・おたすけをするにあたって、初代会長がそのまま伝えたというお道の「阿呆」の大切さを学ぶことが必要なのではないでしょうか。このことは、まさに「阿呆、素直、正直」な信仰姿勢だったと言えるのです。いつでも、どこでも初代会長の心は初心《うぶ》な心、それは心の阿呆――親神様の御教えを、教祖のお言葉を、そして、ひながたをそのまま鵜《う》呑《の》みにして実行することの出来る人という意味です。

初代会長は大教会へ参拝に来られた人に、「あぁ、ちょっとちょっと、おまはんなぁ、ちょっとは阿呆になれたかや～」と声を掛けられる。そこで「なかなか阿呆にはなれません、むつかしいでんなぁ」などと答えると、「そりゃあかんなぁ～……」と不機嫌になられたそうです。反対に「お陰さまでちょとは阿呆になれました～」と答えると「そうか、そうか……」と、とても嬉しそうになされたというお話があります。

私たち信仰者もまた、まず「元の理」を私心なく、そのまま自然体で受け入れ、自分の言葉に出して唱えることから始める。この姿勢が肝心です。そうすると何かが始まり出すのです。

また、初代会長は教えていただいた様々な教理を伝え、おたすけをされていると思われますが、中でも特筆すべき教理が「元初りの話」でした。この話を語る中で、多くのご守護を戴いておられるのは、「をや」に受け取ってもらえる話を、掛け値なしに説き、その心を、「をや」に喜んでもらえるように話をされているということです。

前述の初代会長の「高須へのおたすけ」のとき、お伴の徳地秀吉に仰った一言に、「あのな、わしらはな、講釈師《こうしゃくし》になったらあかんのや。人を感心させるよりも、聞く人にたすかってもらうことが大事や……。心の阿呆になる。自分をほかす（捨てる）

ことができる阿呆や。自分をほかしたら、そのところ神様が、拾うてくださる。神様に信じてもらうとこまで神様に合わすことが信心でな、それが阿呆になれる道や」

と話されています。

ついつい、うまく話したいとか、相手にどう受け取ってもらえるだろうかという人間思案が先に出てしまうことがよくあります。これが「阿呆」ではない一つの心の状態です。そうではなく、いかに神様の話を純粋にお伝えするか、ということをおたすけの基本に置くことが肝心で、そこに親神様のお働きを頂戴でき、不思議なことやご守護をお見せいただけるものと思います。

教祖がご在世当時、「阿呆は神の望み」と当時の高弟の先生方にお話になっています。やはり阿呆になることが信仰者にとって大切なことの一つだと思います。

第二章　暮らしの中に生きる「元の理」

みなさんは、何のために天理教を信仰しているのでしょうか。

この教えは、陽気ぐらしのための教えです。陽気ぐらしをするためには、「人たすけて我が身たすかる」のおたすけ心が必要です。ところが、自分に降りかかる身上・事情のある中で、人のことまで心配していられないという心も誰にでもあることです。しかし、その両方、即ち自分もたすかり、周りの人のたすけをも成し遂げるために必要なことを身につけることができるのも、この教えの特徴です。そこで、必要なことが次のおふでさきです。

だん〳〵とふてにしらしてあるほどに
はやく心にさとりとるよふ　（四　72）

これさいかはやくさとりがついたなら
みのうちなやみすゞやかになる
（四 73）

いかほどにみゑたる事をゆうたとて
もとをしらねばハかるめハなし
（四 81）

親神様はこのように、心に悟りなさい、そうすれば、身の内悩みすっきりとなるとの仰せです。そして、そのようなことが見えてきた、と言っていても、その元が何なのかわからなければ、結局のところ何もわからないままになる、ということを仰っています。ですから、様々な事象・現象（身

上・事情）の根本がわかるように悟っていくことが肝心なことと言えるのです。
そこで、この章では、私たちの暮らしの中に起きる様々な身上・事情を紐解くためのヒントを「元の理」に求めていきたいと思います。また、教典第十章には「たすけの理を明かそうと、元の理を説き」とありますように、まさに「おたすけのヒント」がこの「元の理」の中にあるということです。皆様と共に、暮らしの中でこの「元の理」を活かしていけたら嬉しいと思います。
私たちの身の周りに起きてくる全ての身上・事情は、陽気ぐらしに向かうための親神様の親心です。ですから、まずは起きてきた出来事、今の状態を、これでよかったのだと受け入れることが肝心です。そこからご守護は始まります。

親神様は、私たち人間を早くたすけたい、早くたすかる道筋に気づいてほしいと思われているのです。そのために、その人に一番気づきやすい事柄を身の周りに現してくださっているのです。

昔のおたすけ人はその人に応じた悟りをし、おたすけに当たられました。例えば肺の病（今の結核）であれば、「肺の病は何でも『ハイハイ』と言うて通るのやで」という具合に、医学的な事とは違う観点での悟りをもって、相手の心に気づきを与えて、おたすけされてきたのがこの道の草分けの頃のおたすけで、尚且つ大きなおたすけにつながったのです。

そのように、その人に一番気づきやすい事柄を通して、その人の心の変化を親神様は求めておられます。その心の変化のための思案のしどころを教えてくださっているものの一つが「元の理」です。

また、「元の理」はこの世と人間の元のいんねんを知る話で、「この世の元」「人間の元」「教えの元」の意味合いが込められています。即ち、この元を知ることによってたすかっていくという救済の力をも持った「たすけの理話」です。しかも「元の理」

は、私たちが、生き神様と信じる教祖のお口を通して直々《じき》に語られた話です。みなさん、どうか教祖のお心に溶け込んで、次の項を読みながら、医学的・科学的見地とは一線を引きながら思案のしどころを探してみてください。

また、「元の理」は、膨大無限の世界です。ですから、この本だけで全てを語ることは到底出来ません。そのこともご承知の上お読みください。

1・教典第三章「元の理」

天理教の教えは、「かな」の教えとも言われます。それは、優しく、誰にでも理解しやすい教えということです。

一方で、天理教で一番難しいと思われている教えが、この「元の理」だと言う方も多いのではないかと思います。しかし、関われば関わるほど様々なことが見えてきて、暮らしに役立つことがいっぱい詰まっていることに気づきます。「元の理」を読み、心に掛けていると、多くのたすかりのヒントを見い出すことができ、嬉しくなり、ワクワクしてきます。

教祖が、夜も更け、みんなが寝静まった頃から、聞きたくて聞きたくて、待ちに待った人にだけお聞かせくだされた人間創造、元初りのお話が、「元の理」です。たすかりのエキスが詰まっているのです。教祖がお話しくだされたことを、明瞭簡潔にまとめたものが、教典第三章「元の理」です。原文をまずは読んでみてください。

親神は、陽気ぐらしを急き込まれる上から、教祖をやしろとして、この世の表に現れた、奇しきいんねんと、よふきづとめの理を、人々によく了解させようとて、元初りの真実を明かされた。

この世の元初りは、どろ海であつた。月日親神は、この混沌たる様を味気なく思召し、人間を造り、その陽気ぐらしをするのを見て、ともに楽しもうと思いつかれた。そこで、どろ海中を見澄まされると、沢山のどぢよの中に、うをとみとが混つている。夫婦の雛型にしようと、先ずこれを引き寄せ、その一すじ心なるを見澄ました上、最初に産みおろす子数の年限が経つたなら、宿し込みのいんねんある元のやしきに連れ帰り、神として拝をさせようと約束し、承知をさせて貰い受けられた。

続いて、乾の方からしやちを、巽の方からかめを呼び寄せ、これ又、承知をさせて貰い受け、食べてその心味を試し、その性を見定めて、これ等を男一の道具、及び、骨つっぱりの道具、又、女一の道具、及び、皮つなぎの道具とし、夫々をうをとみとに仕込み、男、女の雛型と定められた。いざなぎのみこと　いざなみのみこととは、この男雛型・種、女雛型・苗代の理に授けられた神名であり、月よみのみこと　くにさづちのみこととは、夫々、この道具の理に授けられた神名である。

更に、東の方からうなぎを、坤の方からかれいを、西の方からくろぐつなを、艮の方からふぐを、次々と引き寄せ、これにも又、承知をさせて貰い受け、食べてその心味を試された。そして夫々、飲み食い出入り、息吹き分け、引き出し、切る道具と定め、その理に、くもよみのみこと　かしこねのみこと　をふとのべのみこと　たいしよく天のみこととの神名を授けられた。

かくて、雛型と道具が定り、いよいよここに、人間を創造されることとなった。そこで先ず、親神は、どろ海中のどぢよを皆食べて、その心根を味い、これを人間のたねとされた。そして、月様は、いざなぎのみことの体内に、日様は、いざなみのみことの体内に入り込んで、人間創造の守護を教え、三日三夜の間に、九億九万九千九百九十九人の子数を、いざなみのみことの胎内に宿し込まれた。それから、いざなみのみことは、その場所に三年三月留り、やがて、七十五日かかつて、子数のすべてを産みおろされた。

最初に産みおろされたものは、一様に五分であつたが、五分五分と成人して、九十九年経つて三寸になつた時、皆出直してしまい、父親なるいざなぎのみことも、身を隠された。しかし、一度教えられた守護により、いざなみのみことは、更に元の子数を宿し込み、十月経つて、これを産みおろされたが、このものも、五分から生れ、九十九年経つて三寸五分まで成人して、皆出直した。そこで又、三度目の宿し込みをなされたが、このものも、五分から生れ、九十九年経つて四寸まで成人した。その時、母親なるいざなみのみことは、「これまでに成人すれば、いずれ五尺の人間になるであろう」と仰せられ、につこり笑うて身を隠された。そして、子等も、その後を慕うて残らず出直してしもうた。

その後、人間は、虫、鳥、畜類などと、八千八度の生れ更りを経て、又もや皆出直し、最後に、めざるが一匹だけ残つた。この胎に、男五人女五人の十人ずつの人間が宿り、五分から生れ、五分五分と成人して八寸になつた時、親神の守護によつて、どろ海の中に高低が出来かけ、一尺八寸に成人した時、海山も天地も日月も、漸く区別出来るように、かたまりかけてきた。そして、人間は、一尺八寸から三尺になるまでは、一胎に男一人女一人の二人ずつ生れ、三尺に成人した時、ものを言い始め、一胎に一人ずつ生れるようになった。次いで、五尺になった時、海山も天地も世界も皆出来て、人間は陸上の生活をするようになった。

この間、九億九万年は水中の住居、六千年は智慧の仕込み、三千九百九十九年は文字の仕込みと仰せられる。

月日よりたん〳〵心つくしきり
そのゆへなるのにんけんである　（六　88）

さて、この中に、たすけのヒントが見つかりましたか。すぐには、なかなか難しいかもしれませんね……。でも安心してください。この後、たすけのヒントを見つけるための思案のしどころを示していきます。

本書では、教典第三章「元の理」の中の、人間・世界の創造をするにあたり、親神

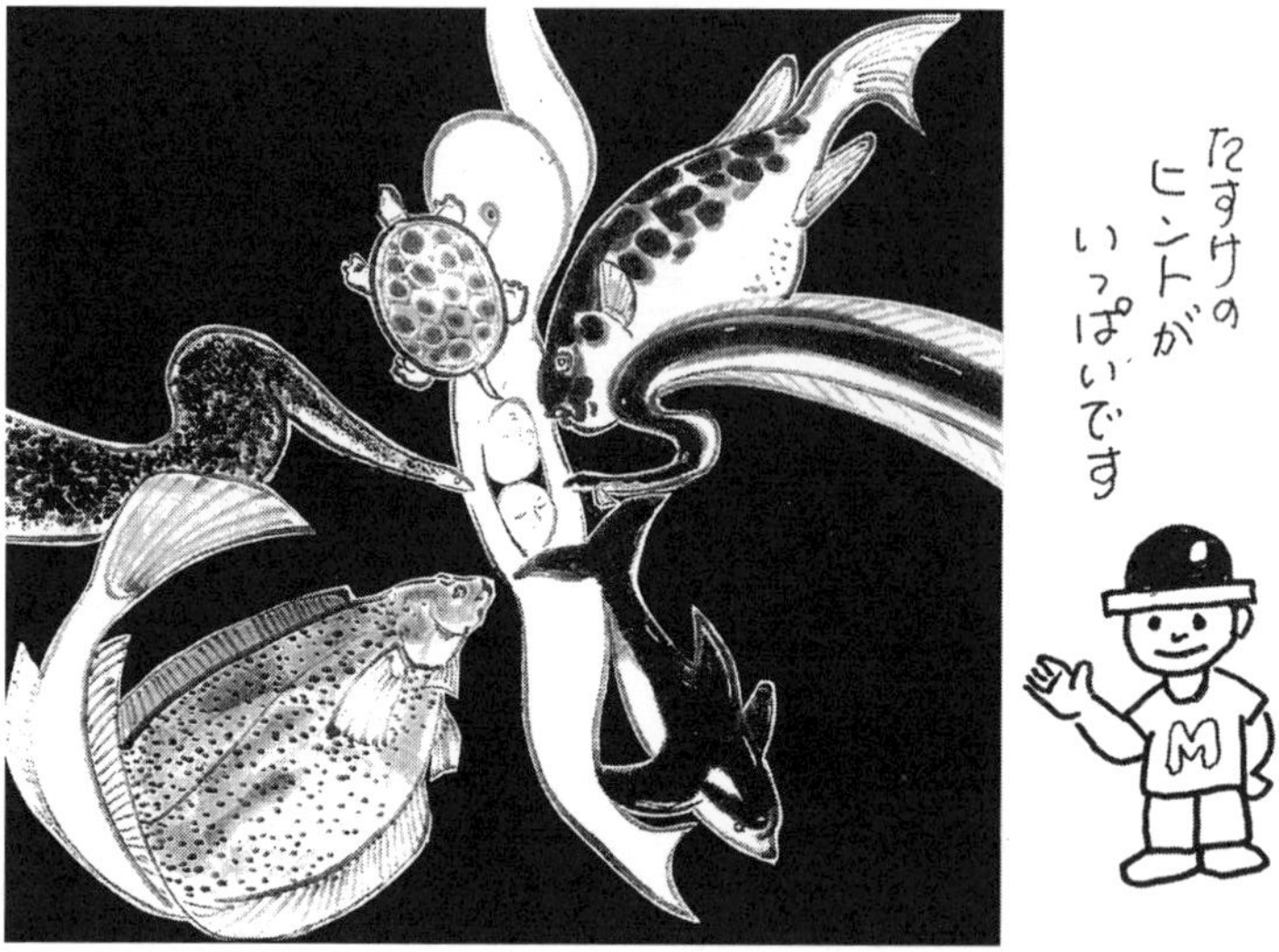

様が道具雛型となる生き物をお引き寄せになられた部分などの中にある、三つの「キーワード」を手がかりに、たすけのヒントを見い出していくことにします。

まずは、道具雛型が引き寄せられた「方角」があります。あえて、「元の理」の中に方角をお示しいただいているということは、その方角に意味があると考えることが妥当だと思います。ですから、一つ目の思案の置き所は「方角」です。

次に、引き寄せられた道具雛型は、全て特徴ある生き物でした。親神様は、その生き物でなければ承知出来なかったということから、その「生き物」に何か意味があるのではないかと察することができます。二つ目の思案の置き所は「生き物の特徴」です。

さらに、「十柱の神名」には、神名を唱える順番があります。その順番も、何気なくあるのではないと考えたとき、何かの意味があると思ってもおかしくないと思います。三つ目の思案の置き所は「神名を唱える順番」です。この三つの観点から紐解いていきます。

さて、この道は「悟り」の教えと言われています。この章では、私の悟り（思案）の一部を紹介します。しかし、他にも様々な悟り方が出来ます。私の悟りをヒントに、皆さん一人ひとりが悟る力をつけていただいて、おたすけの現場で、たすかる糸口を見つけてもらいたいと願います。

2．方角にはどんな意味があるのか

「元の理」の中には、「乾《いぬい》の方からしゃちを、巽《たつみ》の方からかめを呼び寄せ……。東の方からうなぎを、坤《ひつじさる》の方からかれいを、西の方からくろぐつなを、艮《うしとら》の方からふぐを次々と引き寄せ……」と、生き物を引き寄せられた方角が、はっきりと示されています。

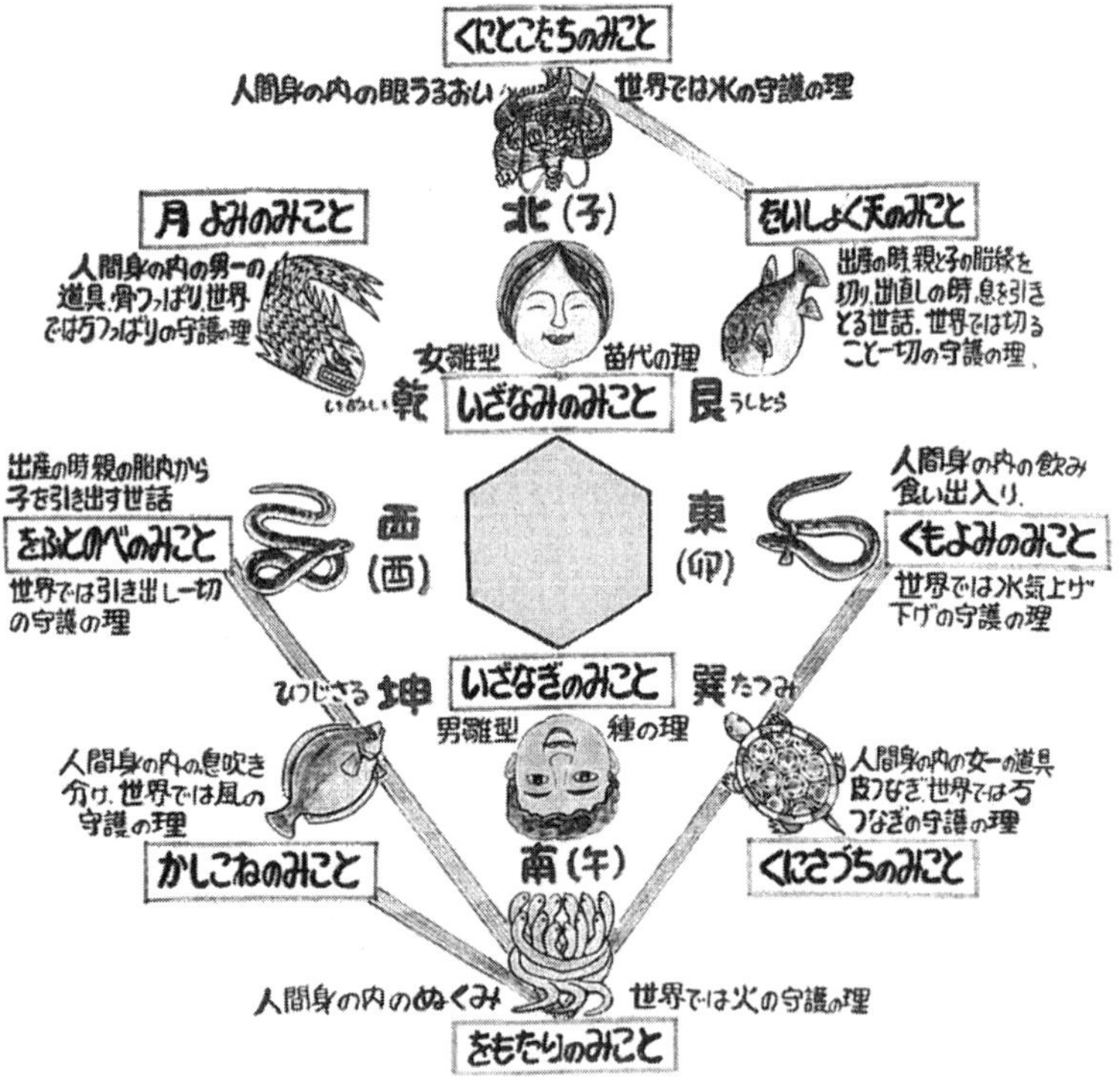

くにとこたちのみこと
人間身の内の眼うるおい
世界では水の守護の理
月よみのみこと
人間身の内の男一の道具、骨つっぱり、世界では万つっぱりの守護の理
北（子）
をいしょく天のみこと
出産の時、親と子の胎縁を切り、出直しの時、息を引きとる世話、世界では切ること一切の守護の理、
女雛型
苗代の理
乾
いざなみのみこと
艮
うしとら
出産の時親の胎内から子を引き出す世話
をふとのべのみこと
世界では引き出し一切の守護の理
西（酉）
東（卯）
人間身の内の飲み食い出入り、
くもよみのみこと
世界では水気上げ下げの守護の理
ひつじさる
坤
いざなぎのみこと
巽
たつみ
男雛型
種の理
人間身の内の息吹き分け、世界では風の守護の理
かしこねのみこと
南（午）
人間身の内の女一の道具皮つなぎ、世界では万つなぎの守護の理
くにさづちのみこと
人間身の内のぬくみ
世界では火の守護の理
をもたりのみこと

かぐらづとめの配置図

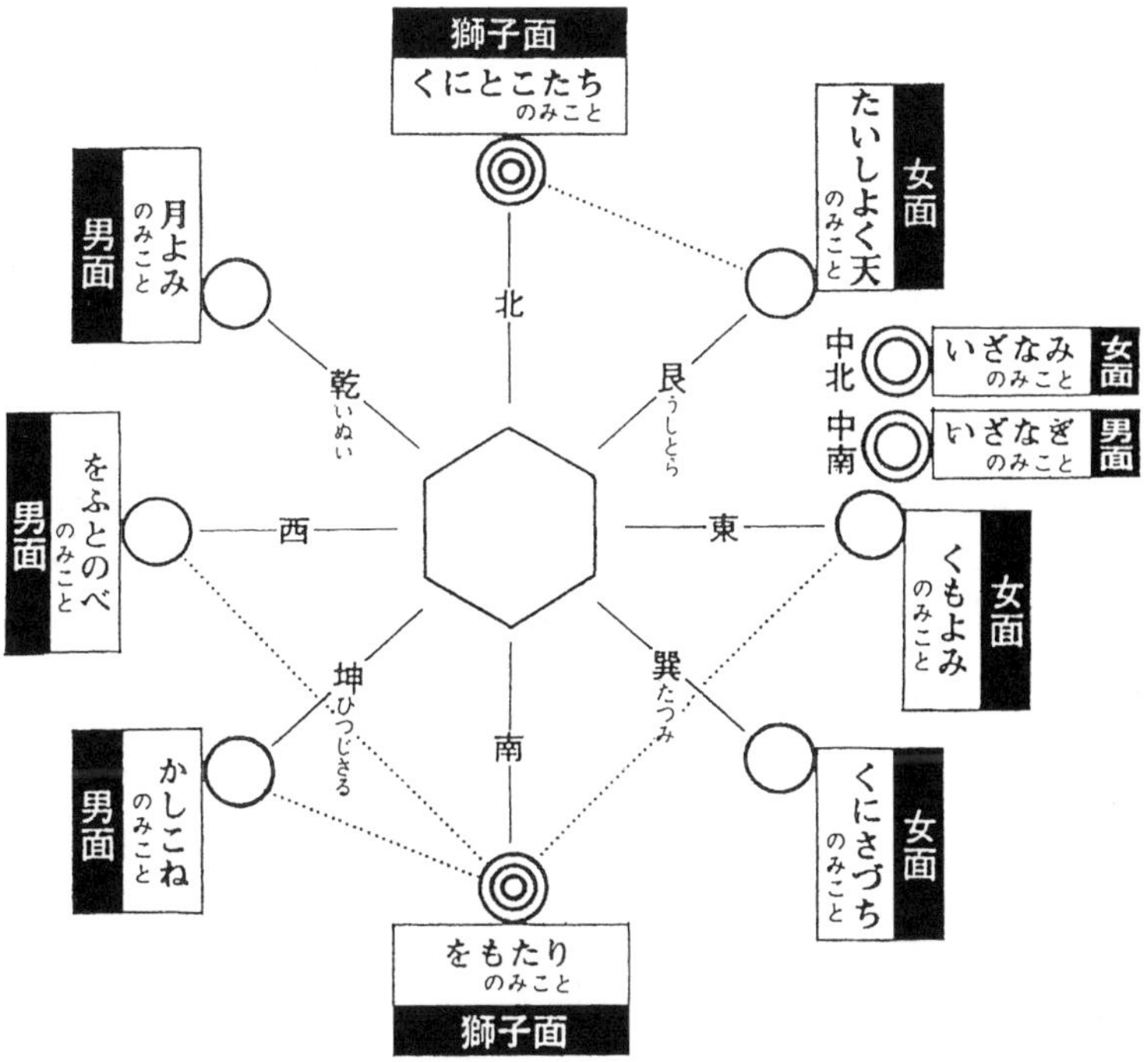

獅子面
くにとこたち
のみこと
たいしよく天
のみこと
女面
月よみ
のみこと
男面
北
乾《いぬい》
艮《うしとら》
中北
いざなみ
のみこと
女面
中南
いざなぎ
のみこと
男面
をふとのべ
のみこと
男面
西
東
くもよみ
のみこと
女面
坤《ひつじさる》
巽《たつみ》
南
かしこね
のみこと
男面
くにさづち
のみこと
女面
をもたり
のみこと
獅子面

乾《いぬい》とは「北西」、巽《たつみ》は「南東」、坤《ひつじさる》は「南西」、艮《うしとら》は「北東」の方角を言います。

おぢばで「かんろだい」を囲んで勤められる「かぐらづとめ」のつとめ人衆は、この生き物たちの引き寄せられた方角の位置に立たれ、また、このほかに、月日両神の「くにとこたちのみこと」「をもたりのみこと」は、それぞれ「北」と「南」でつとめてくださり、「いざなぎのみこと」と「いざなみのみこと」は「くもよみのみこと」の東側の南と北に位置して立たれます。

この方角を意識し、あわせて十全の守護の働きを結びつけることで、不思議が現れてくるから不思議です。だからこそ、方角に親神様の強い思いが確実に込められているように感じます。

○有難い元旦祭

ある年の十二月末の三十日から、私は上げ下しの身上をいただきました。大晦日も症状は続き、なお悪化してトイレに通いづめでした。

当時、詰所主任の立場にあった私は、翌日のおぢばの元旦祭に修養科生や詰所在勤者と共に参拝させていただくことになっていました。

年が明け一月一日になりましたが、症状は相変わらずです。元旦祭は午前五時から始まります。四時四十五分にはマイクロバスで出発します。参拝しようか、休ませてもらおうかと迷っていました。

しかし、元旦祭は「よろづたすけのおつとめ」と教えられる「かぐらづとめ」がつとめられるので、「そうだ！　この『かぐらづとめ』の働きで救けていただかねば……」と意を決し、お腹を気遣いながらマイクロバスで出発しました。西礼拝場で元旦祭が始まるのを待っていました。

お腹は相変わらずグルグルと鳴り、調子が悪い。その時、私はふと思いました。この症状は「くもよみのみこと」（飲み食い出入り）の働きをいただかなければならないと。方角は「東」だ。そうだ、東礼拝場へ行こう。詰所の者に、帰りは一緒に帰るからと伝え、私は西礼拝場から東礼拝場へ移動し、真東より参拝しました。

「かぐらづとめ」が始まりました。心の中で「くもよみのみこと様、くもよみのみこと様」と繰り返し念じ、何とか「かぐらづとめ」を辛抱しながら参拝し終えました。その後、前半下り、後半下りと続きます。これからが大変だと思いつつ、東礼拝場で冷や汗をかきながら祈り続けていました。

どうしたことでしょうか、この間、一度もお手洗いへ行くことなく参拝し、そのうちグルグル鳴り続けたお腹も静かになり、帰りは皆と一緒に詰所へ帰ることができたのです。それっきり症状は忘れたようにご守護を戴き、本当に有難い元旦祭でした。

このように、現れて来た出来事を通して、フトした気づきから、ちょっと十全のご守護の方角を意識し、直ぐさま実行した結果、不思議を見せていただき、改めて方角に意味があることに気づきました。

○思案を深めた交通事故

また、こんな不思議もありました。

何年前だったかは忘れましたが、日と時間はしっかりと覚えています。九月二十四日午後九時二十四分。天理で交通事故を起こしました。私は用事で甲賀詰所を出て、すぐ近くの山名詰所脇の交差点を右折して天理駅の方へ向かうつもりでした。十字路ですからスピードは控えていましたが、街路樹で右方向が見えにくく、駅の方から走ってきたバイクを見落としていたのです。右折した瞬間、「ドンッ」と音がして、人が

フロントガラスの前の宙を飛んでいき、「ドサッ」と路上に落ちました。慌てて車を脇に寄せ、駆け寄って、状態を確認すると、若い男性でした。お尻を少し打ったようでしたが、元気でした。歩道へ移動しておさづけを取次ぎ、すぐ病院へ行き診察してもらいました。骨に異状はなく、「調子が悪ければまた来なさい」との医者の判断でした。ホッと胸を撫で下ろしました。彼は広島県出身で天理大学体育学部の学生さんでした。駅前のアパートに住んでおられたので、おさづけの取次ぎに通わせていただきました。

この事情に、私は何か心晴れぬ思いでいました。おぢばでつとめていながら、どうしてこんな事故が起きるのかと沈んだ暗い雲に覆われたような気がしたのです。

その時、「二元の理」が浮かびました。「そうだ！『二元の理』に当てはめて思案してみよう」と思ったのです。九月二十四日午後九時二十四分。数字は同じ並びで、時計の短針は九の少し上を指している。方角でいうとほとんど西です。天理市内の地図を広げて、かんろだいの地点と事故現場を結ぶと、西の少し北寄りになる。まさに同じ方角です。

天理大学の体育学部は西にあり、彼は西から走って来たのです。また、彼のアパートはかんろだいの真西の方角であり、出身地の広島は、おぢばより西の方角です。西、西、西づくめ。西は「をふとのべのみこと」のお働き、引き出し一切の守護の理と聞かせていただきます。また、「をふとのべのみこと」は、「くにとこたちのみこと」より数えて八番目の神名です。そこで、おふでさき各号の八番目のおうたを、十七号まで抜き書きして読ませていただくうちに、心の靄《もや》が晴れてきたのです。

そのおふでさきには、次のような意味のお言葉が記されていました。

「たすけを急ぐ」「急き込み…つとめの人衆がほしいから」「神の心の急き込み」「多く急き込みあるとてもロでは何も言うでない」「みなめへ〳〵に心違う」「この世を始め

てからにないつとめ…確か治まる」「月日よりその道早く知らそうと…心配している」「どのような事も…人間の心あるとは更に思うな」「どのような事も…たしか聞きすみ承知してくれ」「どのような話も月日の話である」「ついしょうはいらん…心のまことを見ている」「これからは月日掃除をする」「もうこれからはことわり（注意）はない」「月日の残念は口で言うようなことではない」「切ないことがあっても親が踏ん張る」「もう時機が来ているから神がかやす」「このぢばは世界人類の故郷である」と心勇む内容のお言葉ばかり出てきたのです。

「よかった。よくぞこの事故をお与えくださった」という喜びに心が湧き立ってきたのでした。

あたかもその日、天理美術展に半畳くらいの大きさの「元の理」という作品を搬《はん》入《にゅう》したばかりでした。「元の理」の力が働いてくださったのかな、と思いました。それから間もなくして、金沢にある私の布教所に、一人の婦人が住み込んでくださることになったのです。人材の引き出し（をふとのべのみこと）というご守護が働いたのでした。この現れて来たタイミングと結果に、心はますます晴れわたりました。心が救かったのです。

仮に、悩み事が出てきても、「元の理」に思案を求めていくことによって、心晴れ晴れとさせていただけるのです。

まさに、「元の理」は、私たちに陽気ぐらしをさせたいがためにお与えくださった「たすけの理話」と言われる所以《ゆえん》で、有り難くかけがえのないお話なのです。

これは、ほんの一例ですが、出てきた現象の中から、方角につながる事柄がないかを思案してみる、あるいは、方角を意識しながら行動を起こしてみる、その中に何か不思議が起きてくることがあるのです。

これが、「元の理」の不思議です。親神様が私たち子ども（人間）の心の動きを楽しんでくださって、その嬉しい気持ちを、私たちに喜びという姿形で応えてくださっているのではないかと思います。

○方角の思案からおたすけへ

方角を意識したおたすけの実話を、「語り部爺」と「もとのり君」の問答形式で紹介します。この話はある人のおたすけを参考にしています。

○背丈が伸びる

もとのり君……ねぇねぇ、語《かた》り部《べ》爺《じい》、ちょっと質問していい？　僕の家の近くに、背丈が人より伸びにくい子どもさんがいるんだけど、そんな時ってどんな思案をして、どんなおたすけをさせてもらったらいいのかな？

語り部爺……お～、それは辛いじゃろうのぉ～……でも大丈夫じゃよ。あきらめんなよ、必ず救かるヒントがあるはずじゃから。

もとのり君……本当に？

語り部爺……その人は、背が伸びると良いんじゃな……引き出しのご守護を戴きたいんじゃな……をふとのべのみことさまかぁ……をふとのべのみことさまは、どちらの方角じゃったかのぉ～……。

語り部爺……お～、そうじゃそうじゃ、西じゃのぉ～。

もとのり君……をふとのべは……たしか……西だったかな……。

もとのり君……あっ!? 西っ？ その人の家、僕の家から真西にあるよ。

語り部爺……ほほ～……これは救かるぞ、神様がお与えくださった人に違いないぞ！ しっかりおたすけさせてもらわんといかんぞ！

もとのり君……はい。

語り部爺……それじゃ、四月にのぉ～、おぢばで「はえでのおつとめ」と言って、農作物の成長（引き出しのご守護）を祈願するおつとめがあるから、本部にいつ勤められるか確認して、お参りに行ってみたらどうじゃな？

もとのり君……はい、分かりました。

そして、「はえでのおつとめ」の日が来て、もとのり君は参拝に行きました。せっかくだから、西にこだわって、西の方角から真剣に参拝したそうです。

さて次の日です。

もとのり君……ねえねえ、語り部爺！　今ね、子どもさんのお母さんから電話があったの。病院に行ったら、背が一センチ伸びてたんだって。ありがとうございました。

話を伺うと、その子どもさんの身上のことを知った年が、酉年《とりどし》だったそうです。西の方角の事を酉《とり》の方角と言いますね。その人は、酉年と西の方角が結びついて、西づくめの巡り合わせに鳥肌が立ち、「必ず救けていただける」という強い信念が湧いてきて、おたすけさせてもらえたと話してくれました。

それから五年が経ち、その子どもさんが中学二年生の時、正常の範囲にまで背丈が伸び、ご両親は別席を運び出してくれているということです。

3．引き寄せられた生き物は…

「元の理」には、人間創造にあたり、様々な生き物が使われています。まず、月日両

神という親神様のどろ海でのお姿は、大龍・大蛇です。その月日両神が、うを（魚）とみ（巳＝白蛇）とを引き寄せ、さらに、しゃち、かめ、うなぎ、かれい、くろぐつな（黒蛇）、ふぐ、を引き寄せておられます。

そのそれぞれの生き物の特徴から思案していくと、おたすけにつながるヒントが見えてきます。

（生き物の特徴の詳細は、付録の中のそれぞれの生き物からの思案の項を参照してください）

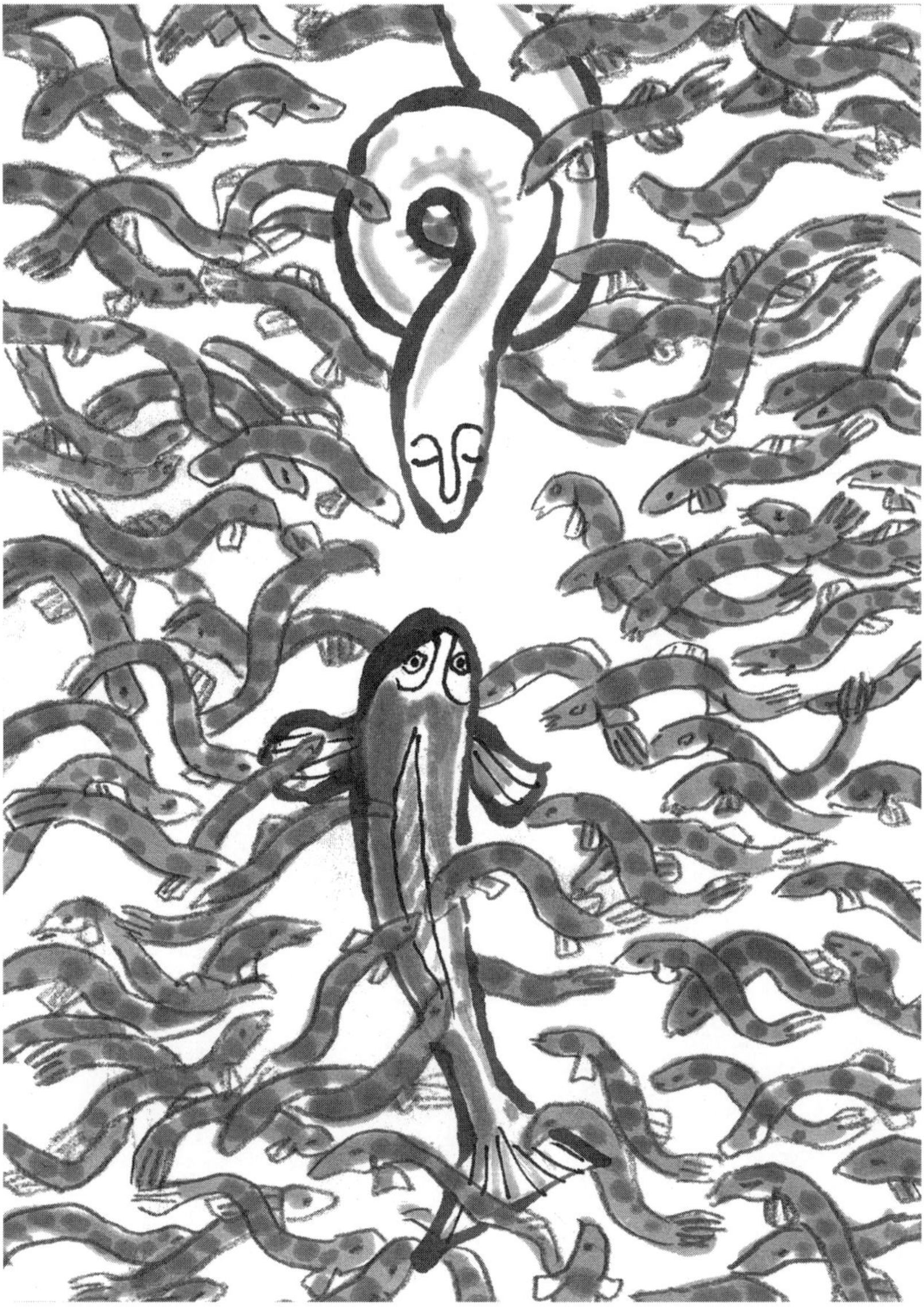

○生き物の特徴

・大龍・大蛇

頭一つ、尾一つの大龍・頭十二、尾三つの大蛇、というところからいくつもの思案が出来ます。

・うを・み

うをは、勢いあって、素早くて、まっすぐに泳ぐ性質をもっています。みは、くねくねと身のこなしがしなやかです。この特徴が男女の性格にほしかったのでしょう。ヘビの大半は思っている以上に臆病で、威嚇《いかく》してきたり噛み付いてくる前に逃げてしまいます。基本的には温和な性質が多いので、ヘビに過度のストレスを与えなければ噛み付いてくることはほぼありません。

・しゃち

しゃちは、海を泳ぎ回るしゃちと、鬼瓦の飾り物として使われているシャチホコの二種類が考えられます。瓦にのっているシャチホコは、頭は虎に似て、背中にとげがあり、背をそらして、尾を上にはね上げる想像上の魚と言われていますが、『こふき本』（十六年本）には「しゃちのことをせいのことという」とあります。

「せいのこ」とは丹後地方の方言で「ハオコゼ」のことを言います。ちなみにオコゼは上のような姿です。何となくシャチホコに見えませんか。またオコゼを漢字で書くと虎魚で、しゃちほこを漢字で書くと鯱です。男は変に「しゃちこばる（いかめしく構えるこ」と言われるように、この姿からも男一の道具に使われたのだ、と納得でき

ませんか。

・かめ

昔は、亀の筋を手術に使うと肉や骨に溶けこんでしまい抜糸する必要がないので、手術の縫合糸に使われた、と助産師さんから聞いたことがあります。

南米に「マタマタ」という名前の亀がいます。その亀の説明を見ると「マタマタ」とは現地先住民の言葉で「皮膚」のことを言うとあるのです。不思議ですね。

・うなぎ

うなぎはヌルヌルとぬめりが強く、到底手ではつかむことができません。魚籠《びく》に入れておいたら、頭からでも尻尾《しっぽ》からでも出てしまうほど、出入りの上手な魚です。親神様はこのヌルヌルとした特徴を、飲み食い出入りという消化器の働きに使いたかったのです。

また、海にでも川にでも池にでもいます。つまり、うなぎは海から川へでも、川から海へでも、自由に出入りができて、海水、汽水《きすい》でも淡水でも生きられる、誠に不思議な特性を持っています。

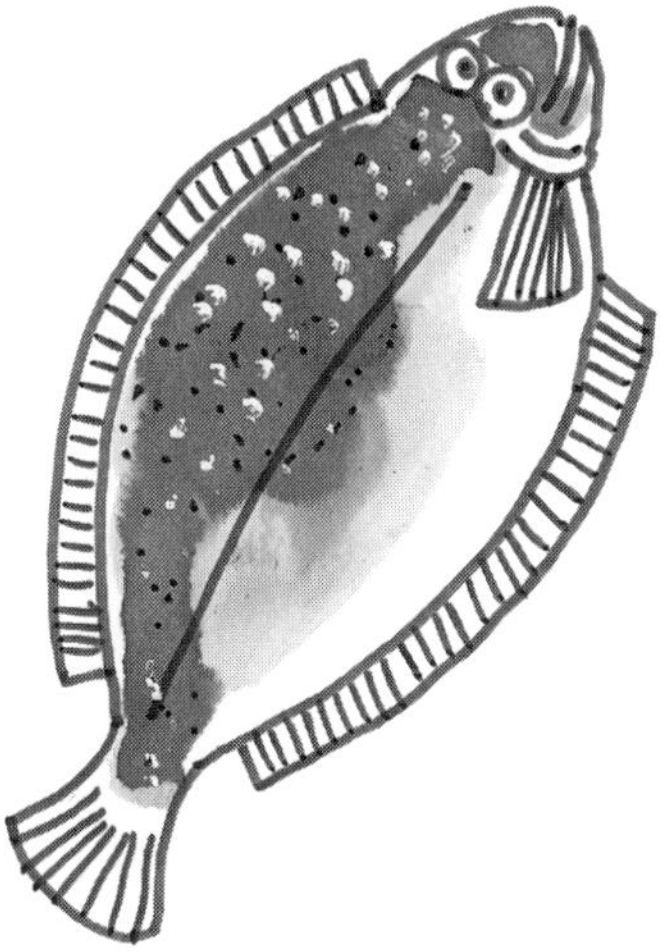

・かれい

姿はヒラヒラして平べったい。ちょうど、うちわを海に投げ込んだようなもの。うちわとは、風を起こす道具です。風を起こし、人間の呼吸という空気の動きを起こす働きとして、ちょうど良かったのでしょう。

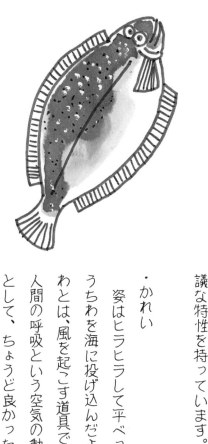

漁師の話です。漁をしていて網にかれいが掛かると、直ぐに網を切ってでもいち早く漁港に戻るのだそうです。それは、かれいは本来海底にいるものですが、それが海面近くに上がってくるというのは、台風や大風などの異常気象の前兆で、その後、大風が吹き船が転覆する恐れがあるということなんですね。風にまつわる話です。

・くろぐつな（黒蛇）

引き出すことには、引っ張るために太くて長い大綱（ロープ）が必要です。ですから、このくろぐつなを引っ張り出す綱の役割のようにして、引き出しの道具にお使いになられたのです。引っ張っても引っ張っても容易には切れないという黒蛇の一種に、「やまかがし」という黒蛇がいます。石垣に入っていった「やまかがし」の尻尾を子ども達が引っ張っても、なかなか引き抜けないし、引きちぎれることもなかったのです。

・ふぐ

ふぐには命をも切る猛毒と大変鋭い歯があることも、「切る」という働きをうかがわせます。

漁師の話では、船上げされたふぐに最初にする作業は、ふぐの歯を切り落とすことです。なぜなら、ふぐはお互いに噛み合って、体に傷がつけば売り物にならないからだということです。

このように、道具雛型に使われた生き物を見ていきますと、様々な特徴が思い浮かびます。現れてくる現象と、この特徴とを重ね合わせて、物事を思案してみると、おたすけのヒントになることが浮かび上がってくるのです。

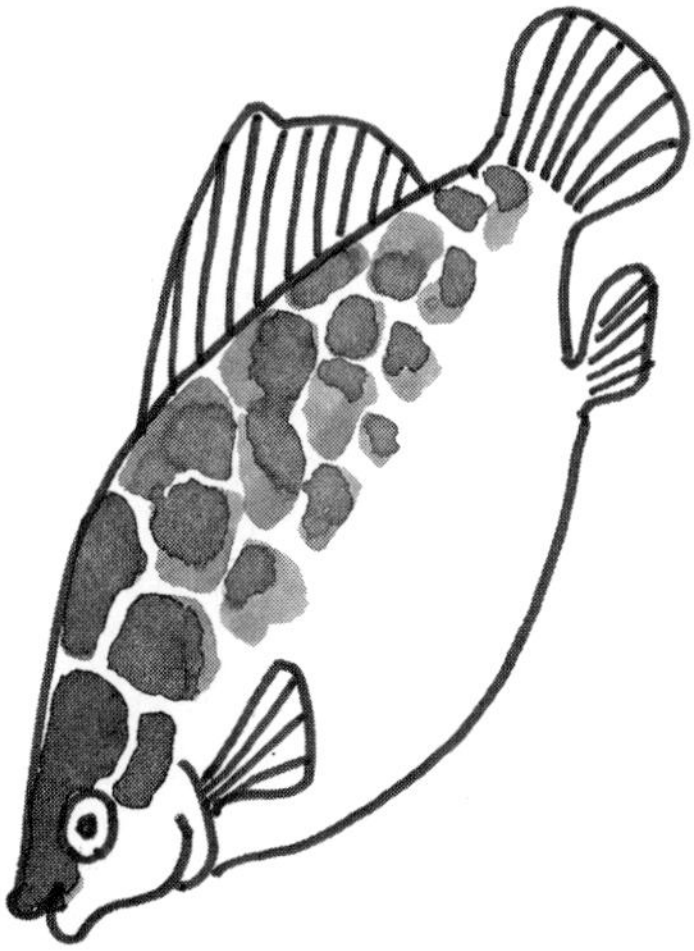

○生き物の特徴からおたすけへ

このような思案を通して、例えば次のようなおたすけもありました。

○心肺停止

もとのり君……ねえねえ語《かた》り部爺《べじい》、ちょっと教えて。

語り部爺……なんじゃな？

もとのり君……お風呂で溺《おぼ》れた一歳の子どもさんのお母さんから「今、救急車で運ばれて病院にいます。心肺停止状態です。『たすけて！』」と電話があったんだけど、どうしたらいい？

語り部爺……そりゃ大変だ！　呼吸かぁ、息吹き分けかぁ、かしこねのみことさまの働きを戴かんとな……。

もとのり君……かしこねのみことさまですか……。

語り部爺……そうじゃ、かしこねのみことさまじゃ。かしこねのみことさまの働きに使われた生き物は何じゃった？　覚えとるか？

もとのり君……え～っと、確かかれいだったように思います。

語り部爺……そうじゃ、その通り、かれいじゃの。かれいという生き物はな、扇《あお》げば風が吹くような形をしとるからな。親神様は、息吹き分け、風の守護に使われたんじゃ。風にもいろいろな風があるじゃろう。台風みたいな、物

が吹き飛ぶような強い風もあれば、そよ風のように心地よさを感じる風もあるのぉ。
　かれいという魚はな、ヒラメと見た目はよく似とるがのぉ〜、性格はまったくの正反対で、かれいは、とてもおとなしいのじゃ。かれいの餌といえばゴカイみたいなあまり動かない魚ばかりをゆっくり食べとるんじゃの。一方ヒラメは凶暴な魚で餌は何でも食べるんじゃ！
　そこで思案じゃ。かれいはおとなしい魚なんじゃな。そんな風が似つかわしいんじゃな、人間で言えば息吹き分けの働きじゃな。息に音を乗せると言

葉になるのじゃな。そのご家族の言葉、会話をかれいの性格のようにすると
いうことが親神様の思いじゃなかったのか～。わしゃぁ、その子どもさんの
ご両親のことはよく分からんが、とにかく、息が出来るご守護をいただくた
めに、そのお母さんに夫婦で優しい言葉で話をする心を定めてもらったらど
うじゃな。

もとのり君……ありがとう語り部爺。さっそくそのように話をします。

このおたすけをされた方は、そのお母さんとは以前からの知り合いで、そのご夫婦の日頃の様子も話してくださっていたそうで、度々口論したり、けなし合ったりしているご夫婦であることも分かっていたのです。そんな中で、子どもさんの、心肺停止と連絡がきた時、呼吸は、かしこねのみことさまのお働きだから、今後夫婦の会話は、優しい言葉で話し合うという心定めをしてくださいね、とお母さんに話されたそうです。すると翌日、お母さんから「子どもが息をし出しました」と連絡が入ったそうです。

このように、生き物の特徴から、おたすけのヒントとなるものを見い出していくと、不思議とご守護への道が開けてきます。

○発達障害

お母さん……うちの子ども「発達障害」と言われたんだけど、私たち親はどうしたらいいのでしょうか。

語り部爺……「発達障害」のぉ、最近よく耳にするんじゃがな……いったい、それはどんな状態のことじゃ？

お母さん……お医者さんがね「『発達障害』とは精神の発達が平均的な成長と比べてプラスにもマイナスにも差が出るために、様々な場面で適応しにくいところが出ます。そこで、苦手なことや上手くできないことが増えて、生活や仕事で困ってしまうことを言います」と言ってくださったんですが。

語り部爺……おおそうなんじゃな。発達のバランスがとれてないという訳じゃな……。

お母さん……そうです。

語り部爺……なるほど。ずば抜けて発達をしているところや、足らないところがあるということじゃな？

お母さん……そんな感じです。すごく不安定なんです。

語り部爺……不安定なんじゃのぉ～。アンバランスじゃな。

お母さん……どうしたらバランスがとれますか?

語り部爺……天理教の大切なかぐらづとめから思案してみるとするかのぉ。かぐらづとめの配置を思い出してみてくれるかのぉ。

これを見てごらん。かんろだいを中心として対角線上につとめ人衆がおられるのぉ。これがバランスじゃ。「二つ一つ」という教えじゃな。相反するもの二つで一つの働きということじゃな。どちらか片方に偏《かたよ》ったらバランスは崩れるのぉ。心遣いも偏ったらよく

ないのぉ。あちらも、こちらも立てる心遣いが大切じゃないかな。

お母さん……例えばどういうことですか？

語り部爺……「発達」とは「伸ばす」こととも言えるのぉ。「伸ばす」働きは「をふとのべのみこと」のお働きを戴くことが大切じゃな。「引き出し」じゃな。その子の特性を引き出してあげられる心遣いを考えてみたらどうじゃろうな。

お母さん……なるほど。よく分かりました。語り部爺さんは、先ほど「二つ一つ」って言われましたよね。それはどう考えたら良いんですか？

語り部爺……おお、おお、そうじゃった、そうじゃった。「をふとのべのみこと」の対角線はどなたじゃな?

お母さん……え〜っと「くもよみのみこと」です。

語り部爺……そうじゃな「くもよみのみこと」じゃ。「くもよみのみこと」の働きには何を使われたかのぉ?

お母さん……うなぎでした。

語り部爺……そうじゃなうなぎじゃな。うなぎのように、誰に対してもスムーズな融通のきく気配りが大切じゃな。すると「バランス」がとれてくるんじゃないかのぉ。

お母さん……なるほど。

語り部爺……そしてな、バランスの「二つ一つ」の理からすれば、特に夫婦の心が重要になってくるのぉ。十五歳までは親のさんげであるとの仰せじゃ。夫婦の心の状態を確認し、ズレていれば合わせる努力が大切じゃないかのぉ。

4．十柱の神名を唱える順番は…

私たちの暮らす世界も体内の働きにおいても、親神様の十全のご守護の働きがあって動いています。その十全のご守護には神名がつけられています。

○老婦人の行方不明

ある年の四月八日夜、私は巡教先より大教会に帰って来て参拝に神殿へ向かいました。すると事務所前にパトカーが停まっていて、赤いランプがクルクルと回っているのです。何事かなと思い、参拝後事務所に行くと、構内のある家で預かっているおばあちゃんが行方不明で、今探している最中だということです。そのおばあちゃんは知的障害が少しあり、電話などもできない人でした。聞くと、手押し車を押してつくしを採りに行き、帰り道が分からなくなったのかも知れないとのことです。どこかにじっとしていてくだされぱよいのにと祈りながら、夜も遅いので私は休ませていただきました。

翌日の朝づとめ後、まだ行方が分からないので、皆で捜索を再開しました。私はいつもの癖が出て、日と方角を「元の理」から思案してみました。

この日は四月九日。神名を唱える順番から言えば、「九」は「いざなぎのみこと」で、方角は南だから、その方角の甲南町に車を進めてウロウロと捜すが見当たりません。私はその時「そうだ、行方不明になったのは四月八日であった。八は『をふとのべのみこと』の理で、西の方角だ」と気づき、西の方角の甲西町へ行き先を変えました。

私の車はボロ車であったので、そのうちガタガタ調子が悪く心配になったため、一度大教会へ戻り点検してまた出かけようと思い、大教会に戻りました。すると事務所の方がザワザワしていて、尋ねるとおばあちゃんが見つかったとのことでした。「どこで」と訊くと、甲西町へ行く途中の隧道《ずいどう》の中で、じっと一夜を過ごしたらしいのです。

やっぱり甲西町だったか、と何か心に治まった感じがしました。無事で発見されたことは大変ありがたいことでした。

○妊娠から出産まで（十月十日《とつきとおか》の心遣い）

おふでさきに、

たいないゑやどしこむのも月日なり
むまれだすのも月日せわどり　（六　131）

とあります。人間の胎内へ子どもを宿し込むのも、またその子どもが月満ちて誕生するのも、親神様が世話取りをしているということです。その働きは、十全の守護の中で「たいしょく天のみこと」「をふとのべのみこと」「くにさづちのみこと」の理があります。それはまず、母と子の胎縁を切って引き出し、後をつないでくださる（母体を元に戻す働き）ということです。また、出産が近づけば、母胎の各機能は出産に都合のよいように変化していきます。ホルモンが分泌され、子宮が柔らかくなり骨盤が開いてくる。こうしたメカニズムは自然の営みと言っていますが、これは「をふとのべのみこと」の働きが開始されたことに他ならないのです。

また、「おさづけの理」の拝戴も出産の理であろうかと思います。九回の別席順序はちょうど「へその緒」を通って胎児に送られる栄養物で胎児の身体が育つように、別席のお話で「人をたすける心」が月々育っていくのです。

『家族のハーモニー』(松尾眞理子著)には、次のように書かれています(抜粋要約)。

私の母が、ある先生から「妊娠中の十月十日《とつきとおか》、お母さんがしっかり心を定めて通れば、その子が一人前になって一生を終えるまで、親はその子のことで悩むことはない」という話を聞かされたという。たった十カ月の心遣いで一生悩まずに済むのなら、こんなありがたいことはない。これから妊娠する人達に教えてあげようと思った。

一カ月目(くにとこたちのみこと)

一滴の縁《えにし》の水から始まる。水のご守護を頂くときなので、何を見ても喜び、夫を立て、水のように相手の形に合わせ、サラサラと淀《よど》むことのない心で通る。水を大切にする。すると、目性《めしょう》の良い子が授かる。

二カ月目（をもたりのみこと）

ぬくみのご守護を頂くときなので、温かい心を使うこと。しかし、カッカとのぼせたり、擦《す》れ合いの心を使うと、熱病にかかりやすい子になる。

三カ月目（くにさづちのみこと）

赤ちゃんの筋や皮膚《ひふ》に大切なときなので、恨《うら》みの心を持たぬこと。人の顔を立て、人の顔が良くなるよう、つなぎの心で通ると、皮膚のきれいな器量の良い子が授かる。

四カ月目（月よみのみこと）

骨つっぱりのご守護を頂くときなので、この一カ月は妊娠中だ、つわりだと言って身をいとわず、しっかり働くこと。すると、元気で頑丈《がんじょう》な骨組みの子が授かる。

五カ月目（くもよみのみこと）

飲み食《く》い出入りの機能に大切な時期なので、食べ物に不足せず、人さまのために喜んで料理を作り、喜んで食べてもらえるようにすると、胃腸の患いのない健やかな子を授けていただける。

六カ月目（かしこねのみこと）

息吹き分けのご守護を頂くときなので、人を喜ばす言葉を使い、人の話もよく聞き分け、夫婦仲睦《むつ》まじく話し合いをすること。そして、ブスッとしてものを言うことのないよう心して通ると、賢い子が授かる。

七カ月目（たいしょく天のみこと）

切るお働きを頂くときなので、グチグチ思わず、思い切りをよくする。欲を離れ、踏ん切りをつけること、お産も軽くしていただき、痔《じ》の患いのない子になる。

八カ月目（をふとのべのみこと）

引き出しのご守護を頂くときなので、高慢にならぬよう低い心で人の良いところを引き出し、あの人もこの人も偉いなあという気持ちで通ると、逆に皆から引き出して貰える子になる。

九カ月目（いざなぎのみこと）

夫の顔を立てて通ると、男の子なら世に立つ子、女の子なら夫を立てて行ける子を授かる。

十カ月目（いざなみのみこと）

素直な低い柔らかい心で通ると、女の子ならそういう子、男の子ならそういうお嫁さんを授かる子になる。

十月十日の最後の十日

十カ月のおさらいを一日ずつして予定日を迎えると、生涯その子のことで悩むことのない子を授かる。

この内容は、正に十柱の神名の順番に照らした思案ですね（妊娠十カ月の神名は筆者挿入）。

○神名の順番の思案からおたすけへ

宿った子どもが、お母さんのお腹の中で成長していく月々に応じた思案から、不思議なご守護を戴いた体験をされた人の話です。

小学一年生の一人の男の子が、「こどもおぢばがえり」に参加したいと言ってきた時の話です。

彼は、「やった！　参加者が一人できた！」と大喜びで、そのご家庭に伺いました。するとお母さんが、「参加させることはできません」と、お断りになったそうです。彼は、「えらい嫌われたもんだな」と、一瞬落ち込みましたが、ダメ元でお尋ねしてみようと思い、平身低頭「何かこちらの心遣いや、対応のまずかったことがあれば反省させてもらわないといけないので、お母さん、良かったら、参加させられない理由を教えてもらえませんか……」と尋ねました。

すると、「いえいえ、そんなんじゃないんです。うちの子はアトピーが酷《ひど》くて、食事制限がいろいろあって、外で泊まらせることが出来ないんです」と教えてください

ました。彼はホッとする反面、なんとかアトピーのご守護をいただいて参加してもらいたいと思ったそうです。そこで、ふと浮かんだことは、「二元の理」の十全のご守護の順番でした。アトピーで皮膚がガザガザに荒れるか……皮膚か……金銭縁談よろづつなぎ、う〜ん……かめ、「くにさづちのみこと」は三番目、そう言えば、胎内で子どもの育つ話を聞いたな。三カ月目に皮膚が出来てくるとか……妊娠三カ月目に何かあったのかも……そこで、思い切って「お母さん失礼ですが、妊娠三カ月目の頃、ご主人と夫婦げんかしませんでしたか？」と尋ねたそうです。すると、突然の彼の言葉に、お母さんは顔がこわばり、何となく

「ムッ」とした顔になられた。そこで彼はすぐさま、「いえいえ、すみません、申し訳なかったです。ごめんなさい……」と謝ってその家を後にしました。

数日後、彼はそのお母さんとばったり出会いました。「先日は失礼なこと言って申し訳ありませんでした」と謝ると、お母さんが「あなた、どうして私たちが夫婦げんかしたことが分かったんですか」と話されたようです。

そこで彼は、「ご主人に毎晩寝る前に謝ってみませんか」と提案したのです。お母さんは毎晩、心の中でお詫びをしたそうです。

翌年、「こどもおぢばがり」の季節が来て、一年生になったその男の子が、喜んで「こどもおぢばがえり」に参加をしてくれました。アトピーが治まり、食事制限なく泊まることができるようになったとのことでした。

第三章　陽気ぐらしに向けて

世界中の多くの人々は、未だ人間とこの世の創造の元を知らずに生きています。現実は、そういう元を知らなくても生きていられるということです。

なのに、なぜ親神様は教祖を通じて、「元初りの話」をされたのでしょうか。

「元の理」は、教典第三章の冒頭に、「親神は、陽気ぐらしを急き込まれる上から、教祖をやしろとして、この世の表に現れた、奇しきいんねんと、よふきづとめの理を、人々によく了解させようとて、元初りの真実を明かされた」と記されています。ですから「元の理」は「陽気ぐらし」のために教えられたものであると言えます。

まず、この「元の理」の話は、この世と人間を創造された親神天理王命のご苦労話で、この世と人間の元を知る話です。元を知るということは、人類の親を知る話ということです。そのことを知ることによって、創造の目的と共に今日《こんにち》の難渋からの救済

の道筋へと誘う話でもあるのです。つまり、世界救済と人間創造の話であり、人類究極の目的、「陽気ぐらし」の元になる話です。

○陽気ぐらしをするために必要なもの

「陽気ぐらし」をするためには、まず人間の「心の成人」が必要だと思います。なぜなら、この世に起こる事柄は、誰にとっても大きな差はありません。しかしその事柄の受け取り方によって「陽」になったり、「陰」になったりするものなのです。私は、「成人」すればするほど受け取り方が上手になり、心を「陽」にできると考えます。

そこで「成人」するためには、どうすればよいかということです。「成人」とは自らの「心の変化、浄化」です。この「心の変化、浄化」のための一番の近道、早道は「おたすけ」なのです。つまり「布教」です。他の人のたすかりを思い行動すると、必ず行動した人の「心の変化、浄化」が見られます。ここに「人をたすけて我が身たすかる」の所以があるのです。

それでは「おたすけ」をするためには何が必要なのでしょうか。学識でしょうか、権力でしょうか、経済力でしょうか。いずれも不必要ではないでしょう。しかし、本当に必要なものは「心の力」「徳の力」というものです。「おたすけ」するには、苦しんでいる人より、「おたすけ」するこちらに「力」がなければ救け出したり、引き上げたりすることはできません。その「心の力、徳の力」をいただけるものが「おつとめ」なのです。

何故なら「おつとめ」は「よろづたすけ」だからです。「おつとめ」は人をたすける力もありますが、自分自身も同時にたすけていただけます。

ではなぜ「おつとめ」にそのような力があるのでしょうか。「おつとめ」の根底に「元の理」があるからです。「元の理」は「陽気づとめ」をよく了解させようとして教えられたものです。「元の理」の人間創造のときに使われた道具衆の姿、働きを今、具

体的に現されているものが「おつとめ」だからです。これをまとめてみれば、次のようになります。
「元の理」↓「おつとめ」↓「おたすけ（布教）」↓「成人」↓「陽気ぐらし」
すなわち、「元の理」の働きを今に現してくださっているのが「おつとめ」で、その「おつとめ」には、「元の理」のエネルギーがみなぎっています。そのエネルギーが、「おたすけ（布教）」の力となり、「人をたすけて我が身がたすかる」姿へと「成人」していくのです。「成人」すると、どのようなときでも心が明るくなり、「陽気ぐらし」を味わわせていただけるようになるのです。

この章では、人間生活の一番の基盤となる「家族」のあり方と、この道を信仰する私たちお互いにとって、ご守護の本元となる「おつとめ」の力について、さらには「陽気ぐらし」実現のために欠かすことのできない「布教」をする上での心得、という三つの観点から「元の理」の思案を深めていきたいと思います。

1・「家族」と「元の理」

をやこでもふう〳〵のなかもきよたいも
みなめへ〳〵に心ちがうで　(五　8)

家族の一員といえども、皆《みな》それぞれに心の違う人間が寄り合うて暮らしているのが家族です。そのような中で、家族一人ひとりが親神様の教えに心を合わせて、教祖のひながたをお手本とする時、陽気な頼もしい家族が誕生して、家族団欒を味わうことが出来るのです。

親神様が、「この世」と「人間」を創造することを思いつかれた時、雛型と道具と材料を、どろ海の世界に求められました。そして、人間の種である「どじょう」をはじめとし、次々と道具衆を探し、見つけ出されます。親神様は、道具衆のそれぞれに人間創造の思いを伝えますが、道具衆は最初は皆、その思いに「添えない」と言って親神様の依頼を断ってしまいます。しかし、親神様の熱い説得により承知をして、もらい受けられていきます。道具衆は、それぞれの働きを異《こと》にしています。しかし、それぞれ性格や癖性分の全く違う道具衆が、親神様の思いに添い切って一つになった時、それぞれが勇み、全てが陽気に作用し、どろ海は見事な、秩序正しい頼もしい世界に立て替わり、男と女という絶妙な人間が誕生していくのです。

このように、一人ひとり違った心を持つ家族が、一手一つに、それぞれの徳分、働き、勤めを、「陽気ぐらし」という目標に心を合わせて暮らすところに、陽気な家族の姿を見い出すことができます。

家族の構成員には、まず「夫婦」があり、そこに子どもが授かると「親子」の関係が生まれます。子どもが何人か出来てきますと、「兄弟姉妹」という関係が出来ます。

そこで、ここでは「夫婦」・「親子」・「兄弟姉妹」という観点から「家族」と「三元の理」への理解を深めてみましょう。

○夫婦の加減とはバランス

もとのり君……夫婦ってそもそも何なのかな？
語り部爺……そうじゃのぉ。そもそも夫婦はこの世のスタートじゃな。
もとのり君……スタート？
語り部爺……そうそうスタートじゃ。それもな、適当な結びつきじゃないんじゃよ。
もとのり君……へえ〜どういうこと？
語り部爺……夫婦は、いんねん寄せて守護するとの仰せじゃから、夫婦になった確たる理由が前生にあるとのことじゃ。そして、何より、一生を全う

することによってご守護があるとも仰せだから、ありがたいではないかのぉ。

もとのり君……それじゃ離婚したらご守護がないということかな。

語り部爺……う～ん。ご守護がないとは言えないがのぉ。離婚というのは、前生のつながりがあったことを知らないで、「性格が合わないから」とか「嫌いになった」とか「やっていけない」とかの理由で別れてしまうことじゃろ。何か意味があって、前生からのつながりのある縁のある人と結びつけてくださっているのだから、金銭・縁談・よろづつなぎの働き「くにさづちのみこと」の守護をいただくことで、離婚しないでよくなるはずじゃ、と思うがのぉ。

もとのり君……それってどうしたらいいの？

語り部爺……そうじゃな……「くにさづちのみこと」の役割になられたか、めの姿を思案したらどうじゃな。例えば、か、めは低い姿勢で地面を這いつくばって歩いておるからのぉ。

それにな、二つ一つで思案すれば「くにさづちのみこと」の反対の方向の働き、即ち「月よみのみこと」のお働きも大切なんじゃよ。一言で言うなら「理を立てる」ことじゃ。「親の理を立てる」「理立てをする」「神様のご用を第一にする」などなどじゃ。理を立てればつながるということになるのじゃ。

そうじゃ、第二章 3. の項の「生き物の特徴」と、付録の「くにさづちのみこと」と「月よみのみこと」のところを参考にしてみたらどうかのぉ。

さて、夫婦とは何か、

ちよとはなし　かみのいふことききいてくれ

あしきのことはいはんでな

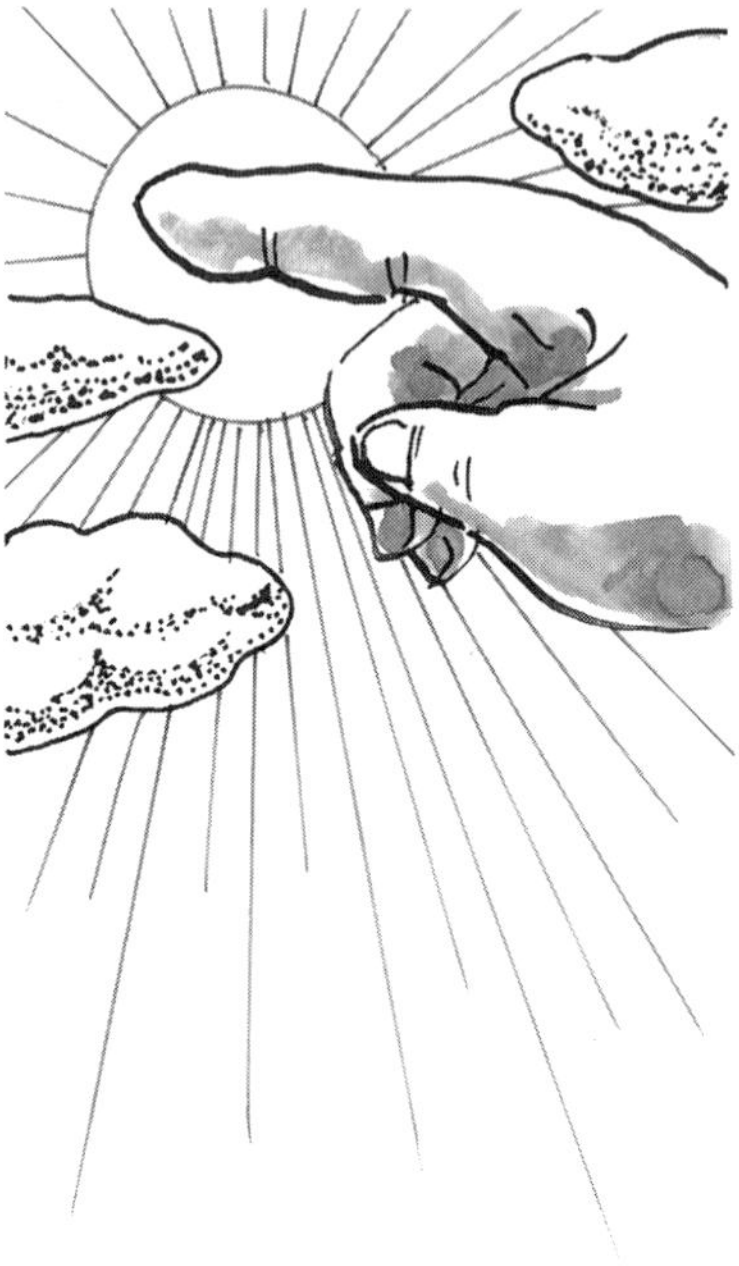

このよのぢいとてんとをかたどりて
ふうふをこしらへきたるでな
これハこのよのはじめだし

（みかぐらうた　第二節）

このおうたに、夫婦のあり方が教えられています。

親神様はどろ海の世界からこの世と人間を創造されました。人間の成長に応じてどろ海をすばらしい世界に造り変えてくださるとともに、その世界に人間を造り、住まわせようとされました。人間の数はたくさん欲しいが、その種類は二種類とされたのです。それが男と女です。

親神様が男と女を造られる時、その「手本」となるものを探されました。それが「天と地」です。つまり「天」を型取ったものが「男」で、「地」を型取ったものが「女」です。

故に「天」と「地」の姿や性質をよく思案してみると「男」「女」とはどのような

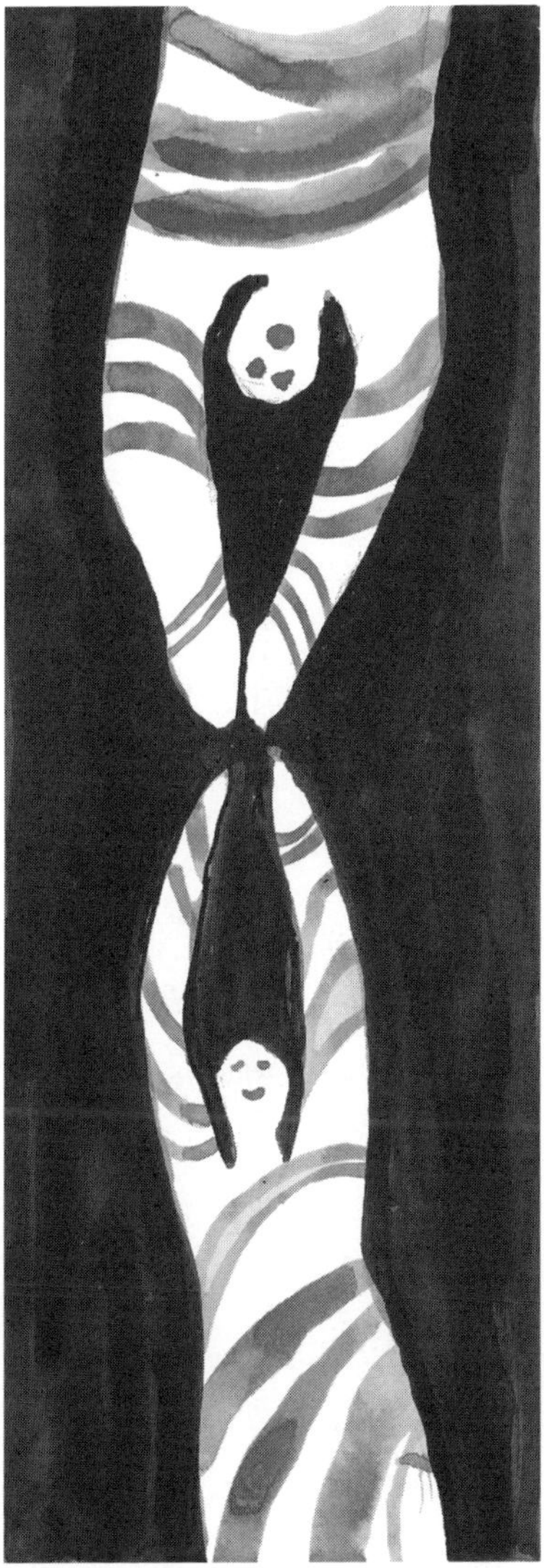

ものなのかということ、また「夫婦」のあり方が見えてきます。

まず、男の手本である「天」を考えてみましょう。天より男のあり方が見えてきます。天は上にあります。広く大きく限りがなく、常日頃は美しい空色ですが、時々様子が変わることがあります。上にありますから、天からの動きは、下にしか動きません。上から下に動くもの、それは「雨」であったり「雪」であったり、また「雹《ひょう》」であったり「霰《あられ》」であったりします。

これらの元はと言えば、全てが「水」です。水は、上から下へと動くものです。掌《てのひら》を下に向け、下げる動きは、争いなどを納める形です。水の特徴の冷たさ、冷静さを現しているように思います。また地上に降った水は、低い所へと動き流れます。水は大地を潤《うるお》します。そして「水は方円の器」に従うと言いますが、入れ物と同じ形になります。水は自分が汚れても相手を美しくします。他にも水の効能は多くあります。

この天から推察する男性の徳分を考えてみると、男は上に立ち、広い大きな心で計画を立て、働き、家族に潤いを与えて幸せへと導いていくものです。また常に冷静で理を守り、相手に合わせ、少々の危険にも勇敢《ゆうかん》に立ち向かい、子孫を守ります。

次に女の手本である「地」を考えてみましょう。地より女のあり方が見えてきます。

天に対して地は下にあります。どっしりしていて動いてはいけないのです。下にありますから、上からのものを全て受け入れます。与えられたものを選《よ》り好みしません。大地にはマグマがあり熱いですが、地表はちょうどいい温度になっています。「火」は「熱」であり「明るさ」でもあります。

火は下にありますので、上に向かって燃えます。掌《てのひら》を上に向け煽《あお》る手の形は、人を勇ませ元気を出させる形です。相手の心を熱する働きのように思います。また大地は上から頂く水分と、自分の持つ養分で、上から落ちた種を受けて抱えて育てていきます。

この地から推察する女性の徳分を考えてみると、女は動き回らず、どっしりと下で構えて、暖かく何でも受け取り、やさしい心で人を勇ませ元気づけ、子どもを産み育てていきます。

しかし、この男と女が夫婦として生きていく上で、注意していかなければならないことが一つあります。

男は水、女は火と表現されることから、水と火を使う時には「調節」が大切だということです。水が強ければ冷たく、火が強ければ燃えてしまいます。

例えば、ヤカンに水を入れて沸《わ》かすことを考えてみましょう。ヤカンには満杯に水が入っているのに、まだその上から水をどんどん入れれば、あふれて下の火を消してしまいます。また逆に火力を強めていつまでも沸かすと、水は沸騰し最後はカラカラに蒸発してしまいます。つまり、夫が強すぎると「火の消えたような家」、女房が強すぎると夫は「蒸発」してしまうのではないでしょうか。

風呂でも熱ければ水でうめます。ぬるければ火をつけて沸かします。そして丁度よいのを「いい湯加減」と言います。つまり「加減」とは「＋《プラス》」と「－《マイナス》」のバランスなのです。夫婦は「加減よく」することが最高なのです。

○どんな親でも親は親

天理教では、まず親が限りない親心をもって子を育てるという「親の理」を強調します。しかし、これは親が親の権威をもって子どもに親孝行を強いるものではありません。

親となり子となる奇しきいんねんから考えた時、どんな親に巡り会うのも、どんな子を授かるのも、皆いんねんであって、たとえ仇同士の親子であっても、子はいんね

んを自覚して親に孝行していくところに、はじめていんねんが納消され、全てが幸せになっていくのです。

「親」という文字は「立木《たちき》を見る」と書いてあります。また「木の上に立って見る」とも読めます。前者は子どもの立場からで、後者は親の立場からの言い分です。

子どもは「親を見上げる」、つまり尊敬することが大切ですし、親は上から見守ることが親たる所以なのです。

大酒飲みでぐうたらな父親をもった息子が、「私は父親を尊敬できません」と言ったので、「あなたもお父さんのようになるのですか?」と尋ねると、「私はまともな父親になりたい」と答えました。「何故で

親という字は
親が子どもを立木の上から見守る
子どもが親を立木の下から見上げる

すか？」と訊くと、「父親の姿を見たらそう思うでしょう」と言うので、「あなたのお父さんは偉いですね」と私は言いました。「どうしてですか？」と訊くので、「あなたに一言も言わずに、まともな親になろうと思わせたのですからね」と説明しました。すると、「私の父親もかけがえのない人ですね」と言ってくれたのです。

親というものは、子どものために良いことも悪いことも見せてくださるものなのです。まさしく「どんな親でも、親は親」ということです。

○人間はみんな兄弟姉妹《きょうだい》

兄弟姉妹の条件は「親が共通である」と

いうことです。同じ夫婦から生まれた者は何人《なんぴと》であろうと兄弟姉妹です。別の親から生まれた子は兄弟姉妹とは言いません。

人間は、全て親神様より造られ育てられていますので、「親神様」という共通の「親」をもっているわけですから、紛れもない兄弟姉妹です。兄弟姉妹のように仲良くしようという概念ではなく、真の兄弟姉妹なのです。

ただ顔を見るのは初めてですし、名前も知らないというだけです。また兄弟姉妹は、お互いがたすけ合うことが、産んでくれた親に対するお礼（親孝行）です。

それなら、旅先でもどこででも見知らぬ人が悩んだり困っていれば、自分より年上なら「私の兄が、私の姉が困っている」と思い、また自分より年下ならば「私の弟が、私の妹が困っている」と思い、声をかけ力を貸すことが必要なこととなりますね。

しかし、この「行為」を邪魔する言葉があります。その言葉は「他人」です。「他人」という実体はどこにもないのです。「他人」と思うから自分とは関係ないので、見て見ぬふりをしてしまうのです。つまり、そこには「たすけ合い」が消えていく可能性が出てくるのです。

人間の親は、「元の理」のお話からすれば、間違いなく「一つ」、親神天理王命様しかないのです。つまり全人類の親は共通の親なのです。

せかいぢういちれつわみなきよたいや
たにんとゆうわさらにないぞや　（十三　43）

2.「おつとめ」と「元の理」

○おつとめって何？

天理教の教えの中に出てくる「つとめ」は、おぢばで勤められる「かぐらづとめ」

のことを指します。また、この「かぐらづとめ」は「かんろだい」を囲んで勤められるので「かんろだいづとめ」とも呼びます。その他に「ようきづとめ」「たすけづとめ」とも呼びます。

このおつとめは、親神様が人間とこの世を創造された、「元初り」のときの働きを再現するものです。親神様の十全の守護の理（働き）を、男五人女五人の十人のつとめ人衆が「かんろだい」を芯として、人間創造の時引き寄せられた方角の位置に立ち、その働きを表します。つとめ人衆が、それぞれの働きを表すかぐら面をつけ、その働きを表す手を振ります。このつとめは、この世の創造を現し、その創造の力であらゆることの救済と、十全の守護を発信している「ようづたすけ」の道として教えられたものです。

また、各教会で勤める「月次祭のおつとめ」は、このおぢばで勤められる「かぐらづとめ」の理（働き）を受けて、十全の守護を戴くおつとめです。

これ以外に勤める「朝夕のおつとめ」は、日々に結構にお連れ通りいただいていることにお礼を申し上げるおつとめです。

また、皆さんの中にも、何とかご守護を戴きたい時、困った時に、お願いのおつとめをされたことがあると思います。このお願いのおつとめは、特別に特定の願いを込めて勤めるおつとめで、月次祭のおつとめとはその意味合いを異にしています。

しかし、それらのおつとめの元は、教祖が教えてくださった「かぐらづとめ」です。

○おつとめはよろづたすけ

また、別席のお誓いに、おぢばのことを「よろづたすけのつとめ場所」と記されていますように、「かぐらづとめ」のことを「よろづたすけのつとめ」とも言います。「よろづたすけ」とは、全ての苦しみをたすけるという意味であろうと思います。

また、おふでさきには、

つとめてもほかの事とわをもうなよ
たすけたいのが一ちよばかりで　（十六　65）

とあり、親神様がおつとめは、たすけたいがためのものと明示されているところです。言い替えると、私たちの勤めるおつとめは、あらゆる困り事がたすかり、「陽気ぐらし」ができるように勤めているものなのです。ですから「陽気ぐらし」の妨《さまた》げになる困り事があるときは、特別にたすけてもらいたいという願いを込めてお願いのおつとめを勤めることもあります。「たすかる」という内容は、人によって異なります。例えば、身上（病気）の人なら病気が治れば「たすかった」と思うでしょう。事情（心配事）が解決すれば「たすかった」と言います。商売人なら、儲かれば「たすかった」。農家なら豊作になれば「たすかった」。暗い心が明るくなれば「たすかった」と思うように、それぞれ異なります。

このように、目に見える「たすかり」のためにおつとめを勤めますが、最高の「たすかり」とは、どんな状況の中にいても「これで結構」と思えることです。つまり、「形のたすかり」即ち見える現象のたすかりを喜ぶことから、姿、形に変わりがなくても喜ぶことのできる「心のたすかり」へと「成人」する姿が「よろづたすけ」の本筋だろうと思います。

○自然災害

もとのり君……ねえねえ、なんでもたすけてもらえるおつとめなの？……、それはありがたいことだね。それじゃ、最近、地震や津波、それに世界中のあちらこちらで争いが起きているけれど、これもおつとめでたすけて

もらえるの？

語り部爺……そりゃ、そうだよ。このおつとめは「よろづたすけのつとめ」とも言うのだよ。よろづというのは全てという意味じゃ。つまり全ての苦しみや悩み、困りごとをこのおつとめでたすけてやろうと仰るのじゃよ。当然、地震、津波、大水、大風などの自然災害も無い方がよいが、起こっても軽く済めばたすかったと言うに違いない。また、人間同士の争いも起こらなければよいに決まっている。しかし、このようなことは現実に確かにあるのぉ。

もとのり君……たすけてもらえるな

ら親神様が最初から困ったことがないようにしてくれたらいいのに、なぜ困ったことが起きるの?

語り部爺……それには訳《わけ》があるのじゃよ。この世で起こることに訳（理由）のないものはないのじゃ。だって親神様はこの世を〝理ぜめ〟の世界と教えてくださるからのぉ。つまり、理由どおり、原因どおりの結果が現れてくる世界だということじゃよ。意味もないのに起こったり、偶然に起こることなんて、この世には一つもないのじゃよ。それを人間が知らないでいるから、「何故こんなことが起きるの?」なんてことを言ってるだけなんじゃよ。

もともとこの世には何も無かったことは知っているじゃろう。人間も何もいないどろ海の世界だったと親神様は教えてくださった。こんな味気ない世界を見ていてもつまらない。一体どうしたらよいものかと思われ、どろ海を住みよい世界に造りかえ、人間というものを造り、人間がお互いにたすけ合って陽気ぐらしをし、その姿を見て親神様も共に楽しみたいものじゃと思われたのが、今日の始まりだったと仰せられる。ここに、この世と人間の深い関わりがあるのじゃ。これを知らない限り、この世に起こ

それしらす今のところハ高山ハ
みなはびかりてまゝにしている　六89
この月日大一これがさんねんな
どんなかやしをするやしれんで　六90
このせかい山ぐゑなぞもかみなりも
ぢしんをふかぜ月日りいふく　六91

これまでもみなみへきたる事なれど
ほんもとなるをしらん事から　八57
かみなりもぢしんをふかぜ水つきも
これわ月日のざねんりいふく　八58

ることの根本は永久に謎に包まれたままじゃ。

もとのり君……そのことと、どんな関係があるの？

語り部爺……では、なぜ困った事が起こるかというと、人間には「心」というものがあるからじゃ。しかも、この心は自由に使えるからな。ここにあらゆる出来事の元があるわけじゃよ。心が自由に使えるということは、この〝使い方〟は人間に任されているということだから、親神様の思いに添った使い方もあるし、それとは逆の使い方をする人間もあるということじゃな。親の思いに添った正しい使い方、

このところたすけ一ぢよとめられて
なんでもかやしせすにいられん　六114

このかやしたいしや高山とりはらい
みな一れ八しよちしていよ　六115

このはなしなんとをもふてきいている
てんび火のあめうみわつなみや　六116

つまり、陽気ぐらしのための心遣いには、親神様はご満足であるが、それに反する心遣いは是正する必要が出てくるのは当然のことじゃろう。

もとのり君……それって、人間の親子とよく似てるね。

語り部爺……そうじゃぁ。人間の親が我が子の心遣いの誤りを正すには方法があるのぉ。口で言うたり、態度で示したり、また、文字や絵を描いて説明したり出来る。けれど親神様は我が子である人間を正す時、人間には親神様のお姿は見えない、お言葉も聞こえない。どのようにして、心遣いの間違いを人間に伝えたらよいのか？　どうしたら心の遣い方の間違いに気付いてくれるのじゃろうか。何とか心を改めさせることが出来ないものかと、苦心されたのであろう。個人的なことなら、本人の身にさわりをつけて気付かせてやろうか。悩みや困難な事情を見せて気付かせてやろうか、と思われるのも親だからこそじゃ。また、この世は神の体とも仰せくださる。我が身（この世界）に異変（天変地異）を見せて多くの人に知らせてやりたい、と思われるのも痛いように分かるのじゃ。

もとのり君……なるほど！

語り部爺……しかし、人間はのぉ、あざないものと仰せられるように、それに気がつかないでいる。人間の心と大自然の動きは無関係だと思っている人間がほとんどじゃ。我々はありがたいことに、自然災害は神の残念立腹、と教えられている。つまり人間の心の遣い方によって大自然の動きを変えられる！　とお教えいただいているのじゃよ。

もともと、たすけ合って陽気に暮らせとの思召で、この世と人間を創造したのに、たすけ合うこともせず何を考えているのか！　一日も早くたすけ合いの心を一人でも多くの人間が持つようにとのお急き込みなのじゃ。

それを、たすけ合うどころか殺し合う事件が絶えないではないか。わしは人間同士が傷つけ合ったり殺し合うことが少なくなれば、自然災害も軽くなるとさえ思っているのじゃよ。わかるかな？

親神様はあくまでも子ども（人間）が可愛いから、苦しみ悩みをたすける方法として、おつとめを教えてくださったのじゃよ。

もとのり君……へぇ～、おつとめってそんなにすごい力があるんだ。

語り部爺……そうなんじゃ。おつとめは、つとめることにより、目には見えないが、たすけ上げてくださる力が確実に発信されている。それは、おつとめには、どろ海からこの世と人間を造り上げてくださった「元の理」のエネルギーがあるからじゃ。

それと「あしきをはろうて」「いちれつすまして」と唱える「みかぐらうた」により、人間の心を軌道修正してくださり、つとめに参画する人々の心を陽気ぐらしの出来る心へとお導きくださるのじゃ。

故に、おつとめをつとめる人が多くなればなるほど、この世界は治まり、神人和楽の世界へと立て替わっていくわけじゃ。

もとのり君……ふ～ん、なるほど。

○おつとめはエネルギー

さて「つとめ」は、人間の心に大きな働きを頂戴できるものとも言えます。「たすかる」とは、今の状態からありがたい状態になるわけですから、ある意味「変化」です。「変化」する時には、必ずそこに何らかの「エネルギー（力）」が働きます。例えば「水」に熱というエネルギーを加えれば「湯」に変化します。同じ「水」に冷やすエネルギーを与えれば「氷」になります。

そこで、「たすかる」という変化にもエネルギーが働き、それが「たすかる」という変化につながっているのではないかと思うのです。

私は「元の理」の中には三つのエネルギーがあると考えます。それがおつとめのエネルギーでもあると考えています。

第一のエネルギーは、どろ海からこの世と人間を造り出したエネルギー。

第二のエネルギーは、九億九万九千九百九十九年の年限をおつとめの所要時間に凝縮してくださる時間のエネルギー。

第三のエネルギーは、親神様、教祖が「陽気ぐらし」へと導きたい「親心」のエネルギー。

この三つのエネルギーが、おつとめから発せられ、「よろづたすけ」の姿となるのではないかと思います。

おふでさきには、

このよふをはじめかけたもをなぢ事
めづらし事をしてみせるでな　（六 7）

とありますが、このおつとめは、この世を創《はじ》めた珍しい働き（無い人間ない世界を創造した働き）と同じ事を現すもの。その珍しい働き（どろ海の混沌とした世界から陽気ぐらしの世界へ立て替えるという働き）を、今この世で見せてあげるということです。さらに、

このよふをはじめてからにないつとめ
またはじめかけたしかをさめる　（六　8）

この世を造ってから今まではなかったこのつとめ（人間世界創造の働きを再現するつとめ）をすることによって、今また「陽気ぐらし」に向かって立て替わるように働き始めかけるとの仰せです。おつとめを勤めることによって、再現されたエネルギーが、身上・事情や心情に変化を起こさせ、不思議を見せてくださる姿こそが、親神様がお勇みくだされている証《あかし》です。

各教会が、「かぐらづとめ」の理を戴いて、月々勤める月次祭にも同じエネルギーが頂戴できるのです。具体的には、「ておどり」「鳴物」「地方」を勤める、また「参拝」する、ということです。それを合図のように、目に見えぬ「元の理」の力をいただい

て、身上・事情、心情に変化が起こりはじめ、ご守護の世界へとお連れ通りくださるのです。

○かぐらづとめは生命《いのち》のつとめ

「かぐらづとめ」を、もし真上から拝することができたとしたら、どのような感じでつとめ人衆の方が勤めてくださっているのでしょうか。「かぐらづとめ」は、十人のつとめ人衆のうち八人が「かんろだい」を囲んで勤め、残りの二人は東で向かい合って、全員が立ったままで勤められます。しかも、私たちが勤める「ておどり」のように、前と後ろに、進んだり下がったりしながら勤められます。その様子を想像してみてください。あのおつとめのテンポで、前に進んだり後ろに下がったり、まるで心臓の鼓動のように、あるいはふわ〜ふわ〜と肺の膨らみすぼみのように、脈々と動きながら勤められるのです。まさに、生命の源という感じが想像できませんか。生命とは生きるもの全てに与えられていますが、そのサイクルは、誕生・出産に始まり、成長があり、最後は出直し、生命の切り替えをするのです。このサイクルを表現してくださっているのが「かぐらづとめ」だと思案出来ます。「かぐらづとめ」の理とは、ま

さに生命の働きのご守護と言えます。

生命のサイクルを三つの働きに区切ってみました。一つ目が誕生・出産。二つ目が成長・育てる。三つ目が生命の切り替え・出直し、という三つの働きです。この三つについて思案してみました。

「誕生・出産」

「元の理」では、うをに「月よみのみこと」の働きを仕込まれ「いざなぎのみこと」となし、みに「くにさづちのみこと」の働きを仕込まれ「いざなみのみこと」となされ、さらに「いざなぎのみこと」に月様「くにとこたちのみこと」が入り込まれ、「いざなみのみこと」に日様「をもたりのみこ

と」が入り込まれ、人間創造の守護、いわゆる人間宿し込みの方法を教えられたのです。この六つの働きが、生命の元で、「六台はじまり」と教えられています。この六つの働きこそが生み出しの働きをしてくだされているのです。

「成長・育て」

この世に生まれても、成長していかなければ、楽しみがありません。そこで親神様は、成長する働き、即ち、育てる働きを、この「かぐらづとめ」で表してくださっています。

全人類の母親の「をもたりのみこと」からは、「くもよみのみこと」「かしこねのみ

こと」「をふとのべのみこと」のお三方《さんかた》にひも（尾《お》）が伸び結ばれています。

　このことから思案出来ることは、「くもよみのみこと」は、飲み食い出入りの働きによって、栄養をつけてやろうとの働きが考えられます。そして、「かしこねのみこと」は息吹き分け、即ち、生きる上で切れたら死んでしまう呼吸の働きをしてくださっています。最後に「をふとのべのみこと」は、引き出しの守護です。引き出しとは伸ばす働きです。成長そのものの働きのご守護を戴いています。この三本のひも（尾）に込められた親神様の思いは、おつとめを通して、生命を全うするご守護を願っておられるように思います（付録「をもたりのみこと」三つの尾の項を参照）。

「命の切り替え・出直し」

さて「くにとこたちのみこと」は父親です。このお方からは、一本のひも（尾）が「たいしょく天のみこと」に結ばれています。「たいしょく天のみこと」は切る働きで、息を引き取ってくださる働きもあります。もし、切る働きを戴けなければ大変なことになります。この地球上に、人間がどんどん増え続け、飽和状態になります。また、年々少しずつ身体のあちらこちらが傷んできたり、衰えてきます。そこで、新しい身体に出直しをさせて次の代に生まれ替わるという、命の切り替えをしてくださり、終わりなく次に繋がる働きをしてくださっているのが、この「くにとこたちのみこと」「たいしょく天のみこと」の働きということです。

○自殺について

もとのり君……命を切る働きは「たいしょく天のみこと」のお働きで、親神様のご守護ということはよく分かりました。しかし、毎年自殺する人が絶えないで、苦しんでいる人がおられますね。

語り部爺……そうじゃのぉ。これは簡単に、また、一概には言えない大変なことじゃよ。『自死』という言葉を使うがなぁ。これは、本人自らが死という選択をするということじゃろうのぉ。言い換えれば『死ぬこと』へのブレーキが効かなくなったと言えばそれまでじゃが、原因は計り知れないものがあったのじゃろう。本人は誰にも相談できず、苦しみ悩み抜いてのことか。いやいや、もうその思考さえ定かでない状態であったのじゃろぉ。口惜しいことじゃのぉ。

もとのり君……「元の理」からはどのように考えたらいいんですか?

語り部爺……本来、命というもんはのぉ、親神様がたいしょく天のみことのお働きで切ってくださるもんじゃ。それを自らが切るということは、残念なことじゃが、改めて生きることを考えることで、元気になってくるんじゃないかと思うんじゃ。生きるということは、息をするということじゃな。おつとめの配置から思案するとのぉ、「たいしょく天のみこと」の反対側は「かしこねのみこと」になるじゃろ。要は息吹き分けのご守護と関係するのじゃないかなと思うんじゃ。息は言葉でもあるからのぉ、自死の人に対しては、その祖霊様に「辛かったんじゃろうな、また生まれ変わってきたときはお互いに言葉を掛け合って陽気ぐらししような」と優しい言葉をかけてあげることからでもつないでいったらどうかと思うんじゃがのぉ。そうすると、残された者も少しは希望も持てるんじゃないかのぉ。今は辛いじゃろうがのぉ……。

もとのり君……どうしたら自殺しないですむようになるのでしょうか。

語り部爺……自殺の原因を見つけたらいいように思うかも知れんがのぉ、わしは違うような気がするのぉ。残されたご家族、身内にも予想だにつかない出来事じゃからストップのかけようもないのが現実で、驚きと後悔と悲しみ無念さの坩堝《るつぼ》の中におられるのじゃ。家族にすれば、どうして気づいてあげられなかったのかと自らを責めてしまうことが多いからのぉ、誰が悪くて何がいけなかったのかと原因を見つけるよりも、他に必要なことがあるように感じるのぉ。

心のわだかまりを少しでも減らし合える人間関係をもつことが必要とな

るんじゃなかろうかのぉ。たいしょく天のみことの反対に位置するかしこねのみことのご守護を戴けるように、優しい言葉で人と人とをつないでいく暮らしを心がけていくことで自殺を思いとどまる人も増えてくるんじゃないかと思うのぉ。

○つとめ人衆の勤める位置からの思案

「向かい合っているのはなぜ?」

つとめ人衆が、「かんろだい」を中心にして、お互いが反対の方角から向かい合う位置に立ち、勤められている形(いざなぎのみこと・いざなみのみことは例外)から思案出来ることがあります。

例えば、南西《みなみにし》の「かしこねのみこと」と北東《きたひがし》の「たいしょく天のみこと」は向かい合っています。息吹き分けと切る働きです。一見無関係のように感じるかもしれませんが、息というのは、吐く時と吸う時に一瞬切れています。息をするには「たいしょく天のみこと」の切る働きもあります。でも息は、命ある限り切れることなく繋がっています。息が切れたら出直しです。息が切れないように、切ることと継続すること

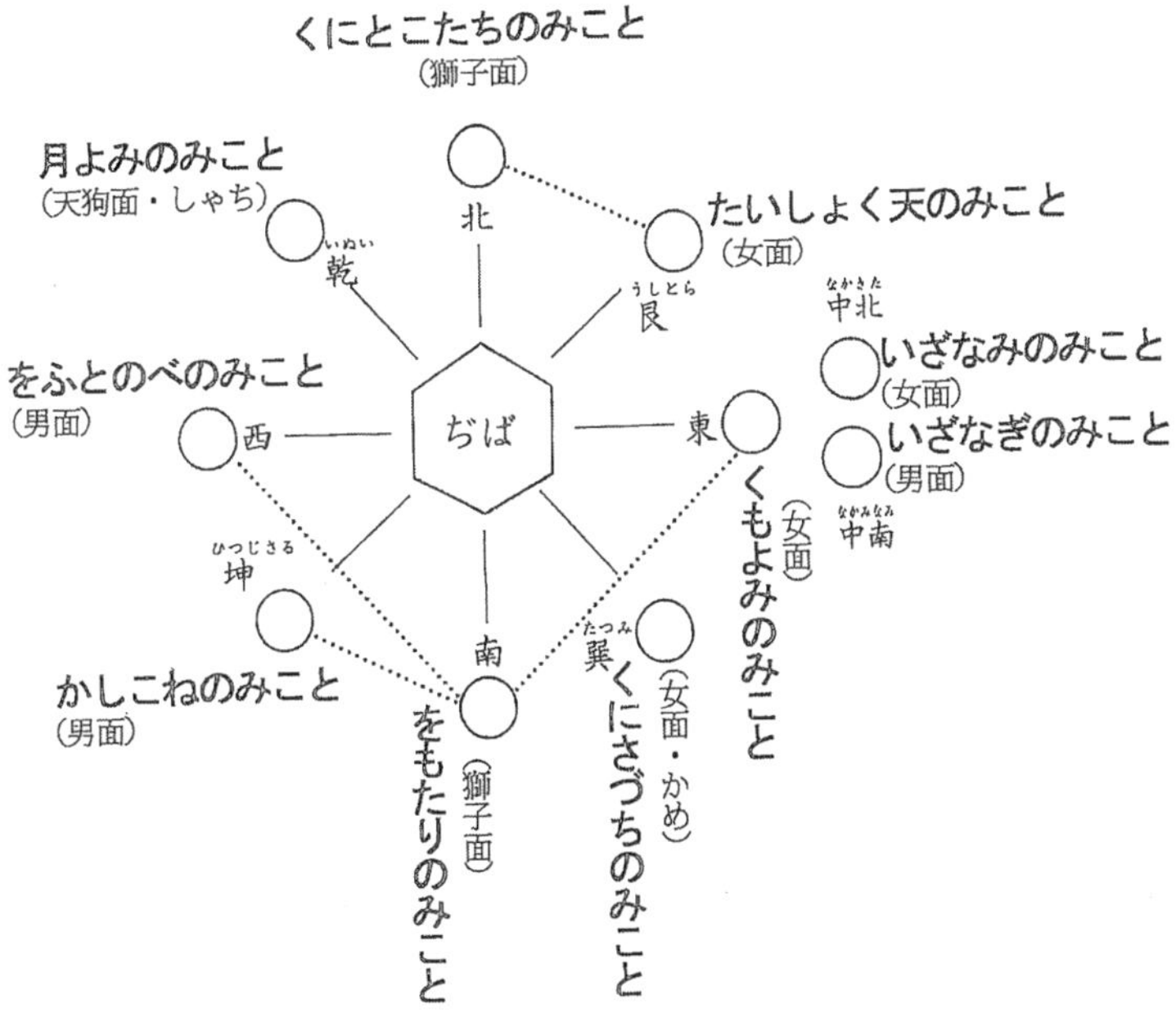

……は、くにとこたちのみことと、をもたりのみことの
面についている白木綿の胴尾をあらわす。

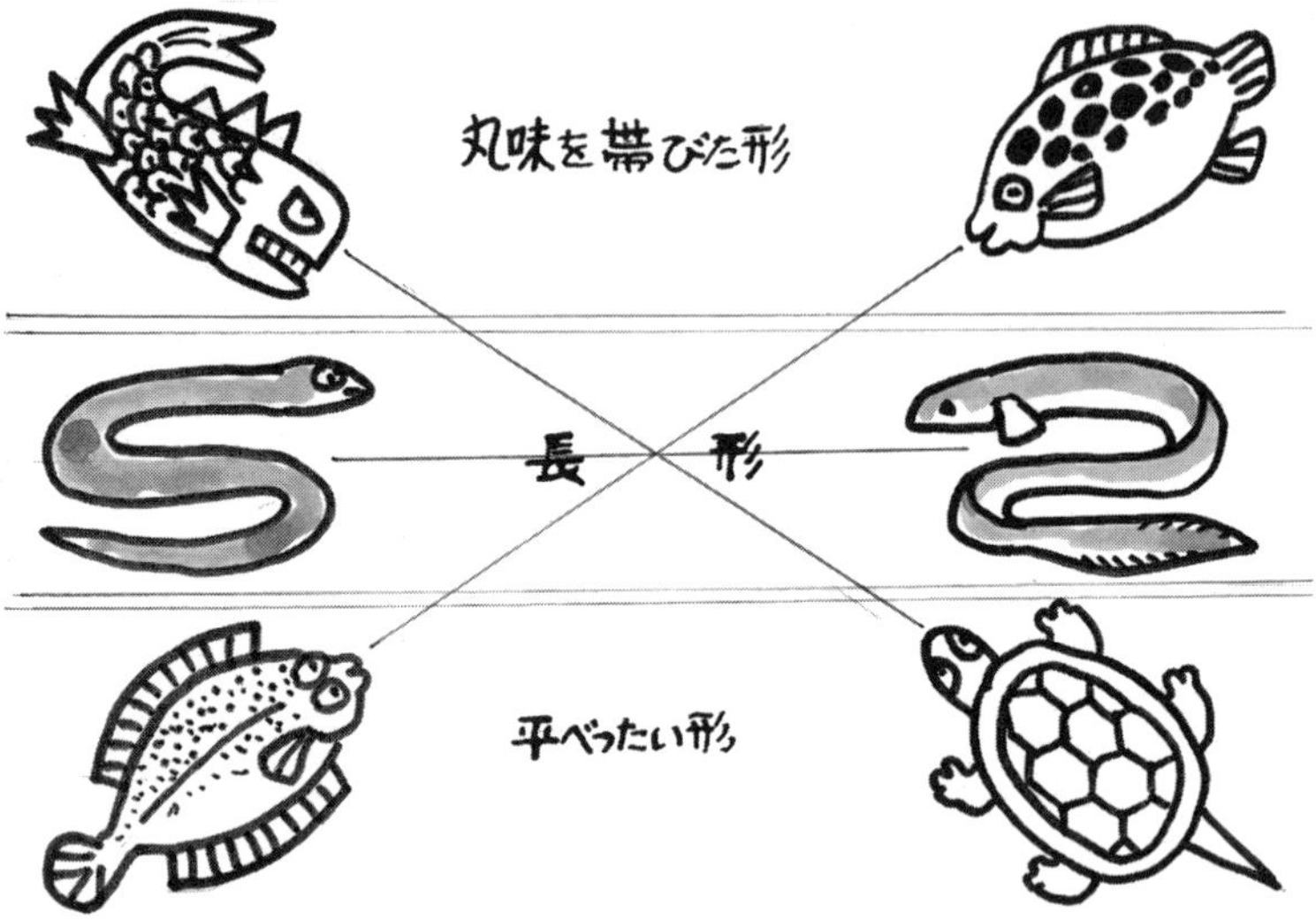

の二つ一つでバランスを取ってくださっているのです。

また、南東《みなみひがし》の「くにさづちのみこと」と北西《きたにし》の「月よみのみこと」が向かい合っています。例えば家を想像してみてください。日本建築の場合、家が建つために肝心なものが柱と壁です。この二つのお陰で、家が頑丈に建っていられるのです。また形があるのです。人間に置き替えたら、骨と皮膚です。どちらが欠けても形を保つことはできません。

二つ一つで成り立っている姿を現してくださってるのがこの配置です。ですから、物事のアンバランスから起きる身上や事情は、出てきた症状や困り事を十全の守護の働きに見い出してみて、そのものだけにとらわれることなく、反対に位置する働きを思案してみると、案外解決の糸口が見つけ出せるかもしれないですね。

「道具となる六方の位置関係」（北を上として）

月よみのみことーたいしょく天のみこと………上段

をふとのべのみことーくもよみのみこと………中段

かしこねのみとーくにさづちのみこと………下段

この配置を上段・中段・下段と横で区切ってみましょう。上段には、「月よみのみことーたいしょく天のみこと」がおられ、中段には「をふとのべのみことーくもよみのみこと」がおられます。下段には「かしこねのみことーくにさづちのみこと」です。このお役の方の生き物を思い浮かべてみましょう。

上段のお二方は、いか、しゃちとふぐです。どちらも、ふっくら丸みを帯びていますね。中段は、くろぐつなとうなぎです。どちらも長い生き物です。下段には、かれいとかめ、どちらも平べったい形です。下段が平べったいのは、土台となるものは安定のために平らな方が良いと思案出来ないでしょうか。上段は頭です。頭は知恵の仕込みの詰まったところ。前後左右、上にも下にも自由な発想が肝心と言えないでしょうか。中段には、ひものように長いもの、伸ばせば一本の線になります。線には方向性があり、方角を示します。この辺りから思いを巡らせて思案すると、見えてくることがあるように思います。是非いろいろ悟ってみてください。

○かぐらづとめの手振りからの思案

つとめでも月日たん〳〵てをふしゐ
にんけんなるの心でわない　（八　7）

「かぐらづとめ」の手振りには、人間では考え及ばない親神様の思いが込められているということです。

それでは「かぐらづとめ」では、どのような手振りをされているのでしょうか。私が本部月次祭の当日、結界内で、間近に「かぐらづとめ」を拝したときの様子をお伝えします。
月日親神様の理を表す「くにとこたちのみこと」「をもたりのみこと」は、男・女の獅子面をつけて、「かんろだい」をはさんで北と南から向き合っておられます。静かに前進後退して「てんりおうのみこと」の「みーこーとー」の最後のところで、月様は両手を揃えて上から下に、日様はそれに合わせて下から上に、開いた口と閉じた口との阿吽《あうん》の呼吸で、見事に男女の理の世界が一つに治まる感じです。この月日様の一手一つの守護に導かれるように、他の八人のつとめ人衆の手が鮮やかに舞っています。

「いざなぎのみこと」と「いざなみのみこと」のつとめ人衆の手は、「みーこーとー」の地歌の度毎に、いざなぎのみことの掌《たなごころ》は上から下へ、いざなみのみことの掌は下から上へ二度振るようにして、ピタッと一つになっています。種・苗代の宿し込みの姿のように感じます。

「月よみのみこと」は、右手を左肩から背中の方にまわし、背中に背負ったしゃち（作り物）の骨つっぱりの理を受けて掌を下にして天狗の面で示される男一の道具の守護を勢いよく斜《なな》め右上に差し出されています。

それを受けて、「かんろだい」をはさんで反対方向に位置される「くにさづちのみこと」は、右手で左肩の背中の方にまわし、背中に背負ったかめの女一の道具の理を受け、掌を上にして斜め右上に静かに、だが力強く開かれています。まるで男一の道具、骨つっぱり、女一の道具、皮つなぎの守護が「かんろだい」の真ん中で一つになるようです。

「くもよみのみこと」は、飲み食い出入りの守護をお腹の前から両手を前に押し出すようにされます。

「かしこねのみこと」は、息吹き分けの守護を両手を揃えて左下から右上に風が吹きぬけるように円《まる》く手を振られます。

「をふとのべのみこと」は、引き出しの守護をお腹の前で両手を手前に引き寄せるように振っておられます。

「たいしょく天のみこと」は、切る守護を両手の親指の先と人差し指の先で物をつまむような形につけ、腹前から左右に開いて切り離すように表しておられます。ただし、「たいしょく天のみこと」の手振りは、十八回目の後に入る合図木のあと三回だけ振られます。十八回目までは、私たちが勤める座り勤めの手振りと同じです。

これら、それぞれの手の振りからも「十全の守護」の働きを悟ることが出来そうに思います。また、そこから、心遣いなども思案できるのではないでしょうか。

例えば「くもよみのみこと」「をふとのべのみこと」の手振りを思い起こして考えてみましょう。

押し出す手振りと、引き出す手振りです。

何かを引き出すためには、「をふとのべのみこと」の働きが必要ですが、ザラザラと引っかかりがあると出にくいものです。引っかかりがなく「ぬるぬる」とした状態ですと、何事につけ、スムーズに引き出すことが出来ます。「ぬるぬる」と言えばうなぎ「くもよみのみこと」のお働きです。「をふとのべのみこと」と「くもよみのみこと」は、西と東で向かい合って位置されています。その手振りは、引き出す手と押し出す手です。引き出したり伸びたりするためには、「ぬるぬる」となめらかになることが肝心ということが言えるように思います。また、飲み食い出入りの手を、出すような手振りだけをされて、入れる手はされていないのです。その手振りからも、飲み食い出入りの働きをいただくための心遣いのようなものを悟れるところもあります。

○引きこもり

もとのり君……近所に、家の中から出てこない人がいるらしいんだけど、どうしてあげたらいいかな？

語り部爺……それは大人かな、子どもの不登校とは少し意味合いが違うかな……本人にしてみたら、仕事や勉強が嫌などと、いろいろ理由もあるだろうが、一番に考えられるのは「人間関係」ではなかろうかのぉ。「人にも会いたくない」「外へ出る気もない」。その結果が引きこもりになるのじゃろうな。かわいそうなことじゃのぉ。これは、本人だけの問題ではない。引きこもる場所は家庭であるので、当然、親を中心とした家族との関わりも出てくる訳じゃ。

もとのり君……じゃ、本人だけじゃなく家族にも考えてもらわなければならないのですか？

語り部爺……家族に心の向きを教えてあげるといいんじゃないかのぉ。

もとのり君……心の向きですか？

語り部爺……本人と親（家族）の双方の考えや言い分があろう。本人の側

からすれば「早くこの引きこもりから抜け出したい」「こんなことではいけない」しかし「あんなつらい仕事はゴメンだ」「あの人と会いたくないし話しするのも嫌だ」「このまま何もしたくない」と心の中は渦巻いているのじゃろうのぉ。つまり本人は、自分のことでいっぱいなのじゃ。

一方、家族（親子・夫婦・兄弟）は「何とか仕事に行ってくれないだろうか」「こんなことでは世間体が悪い」「何とか説得せねば」と、心に焦《あせ》りがあることじゃろう。しかし、いくら説得しても、こんな時、本人は聞く耳を持っていないのじゃ。だったら、家族がなめらかな柔軟な心をもって、温かい家庭をつくって本人に対してはソッとしておいたらいい。そして、いつまでも待っているよという腹構えが先ず第一じゃ。

しかし、引きこもりを引き出したいのじゃから、家族、特に両親は本人に向かう思いの半分は親神様に向かい、自らが外に向かって人のために行動を開始することじゃよ。かぐらづとめのお手を見ても引き出し「をふとのべのみこと」の反対の「くもよみのみこと」は出す手をされているじゃろうが。外で人のために果たせば、内で治まるという事を信じてな。

3.「布教」と「元の理」

布教伝道の本義は「親神によって教祖を通して初めて人間に説き明かされた事柄を人々に伝え、人々を信仰に導き、『陽気ぐらし』につながる救いへと導くこと」とあります（『天理教事典』）。すなわち、「元の理」の教説（筋書き）の中にこそ、布教の心得を見い出すポイントがあるのです。

私の思案では、以下の六つのことがあげられます。

（1）味気のないどろ海の世界を陽気な世界に立て替えようとの思いは、布教においては、今日の社会における、どろ海のような苦しみの中、人々を救い上げ「陽気ぐらし」の世界に導きたいということ。

（2）どろ海の中に道具、材料、雛型を探されたことは、布教においては、苦しんでいる人々を探すことから始まること。

（3）うをとみを見つけ、夫婦の雛型になることをお願いされたが、うをもみもこれを断った。布教の場においては、においがけをしても、大抵最初は断られるものである。

（4）断られても、あの手この手と条件を出し、説得を続けられる。そして、最後にうをもみも納得をする。においがけしていても、誰しも分からぬ間は話を聞こうとはしないものです。しかし、たびたび足を運び、根気強くお話を続けることによって、理解を得られるようになってくるのです。

（5）道具衆を集められる時の「方角」と「一定の順序」があります。

おぢばで、「かんろだい」を囲んでつとめられるおつとめのつとめ人衆は、この「方

角」の位置に立たれ（ただし「いざなぎのみこと」「いざなみのみこと」は本来中心で

つとめられるのですが、「かんろだい」があるので、東の「くもよみのみこと」の外側で向かい合って位置されています）また神名を唱える時、「一定の順序」があります。

これに、かぐらづとめでつとめ人衆が勤められる方角を当てはめてみますと、

①くにとこたちのみこと—北　②をもたりのみこと—南
③くにさづちのみこと—南東　④月よみのみこと—北西
⑤くもよみのみこと—東　⑥かしこねのみこと—南西
⑦たいしょく天のみこと—北東　⑧をふとのべのみこと—西
⑨いざなぎのみこと—中南　⑩いざなみのみこと—中北

となります。

(6) 天理教教典の「元の理」の中には、「三日三夜」とか「七十五日」とか数字が「1」から「10」まで抜け落ちることなく出てきます。

これにより、「元の理」の中には「1」から「10」までの数字と、八つの方角（あくまでも「かんろだい」を中心とした方角である）と、十の神名（働き）が出てくることになります。

○不思議な体験

本部の朝づとめの参拝時に思いついたことです。地方の教会の神殿は一方向に向かって参拝しています。しかし、おぢばに限り、東西南北どこからでも参拝できることに思いが至ったのです。どこからでも参拝できるということは、どこか一方向を選べるということです。そして、数字は日と結びついたのです。「1」の付く日は、1日、11日、21日、31日。「2」の付く日は、2日、12日、22日。「3」の付く日は、3日、13日、23日という具合に……。

故に、数字と神名（働き）と方角を合わせてみると、1日、11日、21日、31日と10日、20日、30日は北から参拝。2日、12日、22日と9日、19日、29日は南から参拝。3日、13日、23日は南東から参拝。4日、14日、24日は北西から参拝。5日、15日、25日は東から参拝。6日、16日、26日は南西から参拝。7日、17日、27日は北東から参拝。8日、18日、28日は西から参拝という具合です。

この考え（私案）を布教にも応用してみようと思いました。

布教地の都市地図を用意し、自分の居る布教の拠点を「かんろだい」に見立て、それを中心に地図に東西南北の線を入れ、それに合わせて布教場所を決めたのです。例えば「1」のつく1日、11日、21日、31日は北の方角へ、「2」のつく2日、12日、22日は南の方角へと出向くようにしたのでした。すると今日はどこへ行こうかと迷わなくて済むようになったのです。例えば、16日なら南西へという具合に。すると、不思議なことが起こり出したのです。

例えば、13日は南東です。南東に当たるところに「田上町」という町があり、そこへ「においがけ」に行きました。ある家に入ると老夫婦が居ました。「天理教の者ですが……」といつものように言うと、「天理教は嫌いだから帰ってくれ」と言われたのです。「少しだけでも……」と言うと、「早く帰れ」と言う。仕方ないので「では、また来ます」と言うと「もう来るな」と追い打ちをいただきました。

帰りかけると「ちょっと待て」と言われたので「何ですか」と尋ねると、「天理教の話をしないのなら……」と言われるので「はい、しません」と言うと、家に上げてくれ、美味しいお茶を出して、いろいろ話し出してくださいました。どうも話し相手が欲しかったのだろうかと思いました。こちらはフンフンと聞く一方です。一時間ほど話を聞かせていただいて失礼すると、「天理教の話をしないなら、またおいで」と言われました。

その後、私は毎月「3」のつく日にそのお家へ行くようにしました。村の古老ですので村中のことを知っておられ、「あの家の人は……」「この家の人は……」といろいろ話してくれました。そして「そういえばあそこの嫁さんは入院しておられたが、やっと退院してこられた」という噂話をしてくれたのです。「一度行っても良いですか」と尋ねると、「そりゃ良いけれど、ワシから聞いたと言うなよ」と言われますので、「言いませんよ」と約束してその家へ行き、奥さんと話しているうちに、おさづけの取次ぎをさせていただけたのです。

考えてみると、この家の方は、私とその婦人をつないでくださったのです。まさに「3」の付く日のにおいがけで、「くにさづちのみこと」の働きをしてくださったのでした。

○「元の理」を活かした布教の実践

同じように、日にちとご守護を関連づけて実践された方の体験談です。

その方は、ある年の6月13日、さあ、こどもおぢばがえりの募集をかねて、「においがけ」に出よう、さてどこに行こうかと思われて、「そうだ岡田先生の仰っていた日の方向に行こう」と決められました。その日は「3」の付く日だったので、「くにさづちのみこと」の方角（南東）に、「においがけ」に出ることにされました。においがけ先では一切良い返事を貰えることもなく、とぼとぼと帰って来られました。その日の夕方、一本の電話があり、「こどもおぢばがえりに参加させてもらいたいんですが……」「連絡ありがとうございます。どちら様でしたか」「どこどこの誰々です」その時その方は鳥肌が立ったそうです。そ

の電話をくださった方は、今日募集に歩いていた集落の家の方だったのです。

翌年、また、こどもおぢばがりの募集時期、昨年の出来事を思い出し、6月13日、その年も「3」の付く日、昨年に引き続き不思議な体験ができるのかどうか、「くにさづちのみこと」の方角の同じ集落に募集をかねて「においがけ」に出られました。大きな期待もしないで、とぼとぼと帰って来られたそうです。2、3日音沙汰なし。やはり二匹目の「どじょう」はいなかったな、と思い出した頃、一本の電話が。今年最初の参加申し込みがあったとのこと。こともあろうに、やはりその集落の方でした。

偶然と言えば偶然です。しかし、おふでさきに、

このよふのもとはじまりのねをほらそ
ちからあるならほりきりてみよ　（五　85）

との仰せです。何でも良いからやってみるということが、先ずは肝心ではないかと思います。その結果、

このねへをしんぢつほりた事ならば
ま事たのもしみちになるのに　（五　66）

と、親神様が仰せになっている証《あかし》が、なってきた姿ではないでしょうか。

第四章　こうきの広め　―世界へ広めよう「元の理」を―

1・教祖お待ちかね

○根を掘り広めよう！　その先には陽気ぐらしが

はや〳〵としやんしてみてせきこめよ
ねへほるもよふなんでしてでん　（五　64）

このように、親神様は教えの根を掘ってほしいとお望みです。
根が掘れたなら、次は、
このたびわこのもとなるをしいかりと
とふぞせかいゑみなをしゑたい　（十六　2）

このたびハこのもとなるをしんぢつに
とふぞせかいゑみなをしへたい　（十七　5）

しっかり、そのことを世界へ教えたい、すなわち世界へ広めてほしいと仰せくださっています。

そうなれば、

このねへをほりきりさいかしたるなら
どのよなものもかなうものなし　（五　86）

このねへをしんぢつほりた事ならば
ま事たのもしみちになるのに　（五　66）

親の思いに適い、どのようなことも適わないことはない。すなわち鬼に金棒ということです。さらに、その先は、本当に楽しい世界が広がると保証してくださっているのです。

今、心配事でお悩みの皆様！　これから「においがけ」に出かけようとされている皆様！　そして、おたすけにかかっておられる皆様！　是非「元の理」の拝読をおすすめします。そしておたすけを待っている人をはじめとする多くの人々に「元の理」を聞かせてあげてください。大きなエネルギーが働くに違いありません。何故なら、親神様がお待ちかねになっていることを、私たち親神様の子どもが実行するからです。親が希望することを子どもが実行すれば、親は黙っておれないものです。

さあ、今日からあなたも「元の理」を広める実行をしましょう。

2.「元初りの話」は語りが基本

「元初りの話」は、教祖が当時の人々に語られた真実の話です。『稿本天理教教祖伝』には次のように記されています。

かねてから、教祖は、「こふきを作れ。」と、急込まれていた。蓋《けだ》し、教祖のお話し下さる筋を書き誌せ。との仰せで、明治十四年に纏《まと》められた、山澤良治郎筆、「此世始まりの御話控」は、その一つである。

『ひながた紀行』（道友社編）には、

教祖は、明治十三年、四年ごろから、夜な夜な、お側《そば》の人々に「こふき話」を繰り返し繰り返し説き聞かされていたと伝えられる。

深夜にお話があったということは、警察の注視を避けるためか、昼間は人々が農事などに携わっていたからか、あるいは、そういうことには関係なく、夜の刻限になるとお話があり、それに合わせて人々も教祖のもとへ寄り集まっていたのであろうか。そのお部屋は、おそらく中南《なかみなみ》の門屋であったと思われる。

『「元の理」に学ぶ』（道友社編）には、

この「元初まりの話」の内容を教祖が口で語られたということ、これは決して軽く考えてはならないと思います。教祖はみかぐらうたについても、おふでさきについても、実際に筆を持ってお書きになった。それなのになぜ、この「元初まりの話」―こふきのお話―はご自身がお書きにならなくて、まわりの先生方に書かせられたのか。そして、出来上がったものを教祖にお見せしたところ、「これでよい」とはおっしゃらなかったと語り伝えられています。そういうことから考えまして、「元始まりの話」というものは、やっぱり話なんだ、つまり口で語るものなんだということは無視できないと思います。

……特にこのお話は、教祖が赤衣をお召しになって、しかも深夜まで教祖のおそばに熱心に残られた人たちに対して、それこそロウソクか、あるいはもう本当にささやかな明かりのもとで、教祖が……お話しになった。

教祖が「元の理」を当時の人々に伝える方法は、なんと言っても「話す」「語る」ことが一番手っ取り早く、確実で、説得力もあったのだろうと思われます。当時はまだ無学の人もあり、「書き物」では普及は遅かったこともその一因かもしれません。

教祖の語り口は、どのようであったかは計り知れないのですが、『教祖伝逸話篇』一六七「人救けたら」に書かれているものによると、「その時の教祖のお声の大きさは、あたりの建具がピリピリと震動した程であった」と記されていますので、力強いお声であったのであろうと推察できます。夜中が多かったことを思うと、静寂の中に、染み渡る雰囲気ではなかったでしょうか。きっと人々の胸の中に静かに染み込んでいったことと思います。

おたすけの現場でも「おさづけの理」の取次ぎは当然のことですが、それまでの心をほぐす手段は「教理の取次ぎ」。それは、まさに「話し」であり「語り」です。教理の中でも、その根幹と言われる「元の理」は取次ぎ人が教祖になりかわり語るべきものです。

3．この語りが不思議なたすけにつながる

しかし、現在のようぼくお互いは、初代の方々に比べて、この話を取次いでいる人があまりにも少ないように思います。私は講演の機会がある毎に、「取次いだことのある人は」と尋ねると、パラパラと手を上げる人はいますが、ほとんど話した経験のない人が多い。その理由を聞くと、大きく分けて二つあります。一つは、「自分が理解していないのに、人に話しても理解してもらえない」ということです。もう一つは、「話した後、もし質問されたら困る」というものです。

私は、この理由に対して、いつも次のように答えています。

一つ目に対しては、「理解していなくても伝えることは出来るでしょう。教祖は理解せよとは仰っていません。広めてくれ、伝えてくれと仰っているのですから、聞いた通りに伝えさせていただきましょう」と。もう一つに対しては、「『わかりません』

と言ってください。実際に分からないことは分からないのですから、分からないことを何とか答えようとするので迷うのです。伝えてしまえばそれでいいのですよ」と。「皆様の中には、『そんな無責任な』と思う人もあると思いますが、私達は取次ぎ人なのですから、取次ぐことが大切なのです。それを教祖はお待ちかねなのです」

このように申し上げると、少し気が楽になったのではないでしょうか。初代の方々が全員意味が分かって伝えておられたのではないと思います。

自分が聞いた通り、教えていただいた通りに意気揚々と話しておられたのではないでしょうか。すると不思議と思われるご守護がどんどん上がったのです。そして天理教は伸び広がったのです。天理大学宗教学科元教授・中島秀夫先生が次のように言っておられます。

「全体的に宗教活動の高揚が認められた時期には、決まって、天理教の創造説話、いわば『元の理』の話が教理体系の表面に出ていた」

つまり、布教師が「元の理」を話していた時には、天理教は枯れ野に火を放ったように伸び広がったということです。

故に、もう一度、初代の頃の信仰に戻る手立ての一つが、「元の理」を全ようぼくが話し伝えることにあると信じます。それを教祖はお待ちかねになっておられるのです。さあ皆様、初代の方々に負けないようにこの話を教祖になりかわり、全世界に発信しましょう。

なぜ、みなさんに、そのようなことをお願いするかと申しますと、おふでさきに、

月日にわせかいぢうをみハたせど
もとはじまりをしりたものなし　（十三　30）

このもとをどふぞせかいへをしへたさ
そこで月日があらわれてゞた　（十三　31）

親神様は、世界中を見渡しても、「元初り」を知っている者はないので、そのことを、世界中の人間に教えたいから、月日親神が、この度は教祖を「やしろ」としてこの世の表に現れて出たのである、との仰せです。

また、その訳は、

このよふのにんけんもとをせかいちう
しらしてをいた事であるなら（十二 129）

それからハどんなたすけもするほとに
一事までゝみなたすけるで（十二 130）

この世と人間の元を世界中に知らしておいたならば、ちょっと一言話をするだけで不思議なご守護が見えてくるから、との仰せだからです。

4．これからあなたが語り部です

では、この仕事を誰に頼まれているのでしょうか。
おふでさきに、

しんぢつに心さだめてしやんせよ
とりつぎの人しかとたのむで（十 28）

このはなしなんとをもふてきいている
これとりつぎにしこみたいのや　（十　49）

それゆへにとりつきよりにしいかりと
たのみをくからしよちしていよ　（十　95）

にちくにとりつぎの人しいかりと
心しづめてはやくかヽれよ　（十　97）

親神様は、世界に広めることを「取次ぎ」に頼まれています。その「取次ぎ」とはようぼくのことだと私は思います。

いよいよこれからがあなたの出番です。これからあなたが語り部です。この雄大無限で、壮大な、また、おたすけに欠かせない非常に大切な教理「元の理」をあなた自身のものにしてください。そして、「元の理」を、あなたの言葉で伝え、広めましょう。必ず多くの方のたすかりにつながります。

○天理教教典第三章「元の理」を語る

例えば私（語り部爺）が語ればこんな感じです。

いやぁ、皆の衆よ。今宵《こよい》は忙しい中、よく来てくれたなあ。いや、他でもないのじゃが、わしは前々から気になっていたことがあってのぉ……。それというのが一《ひと》つ皆の衆に是非とも聞いてもらいたいことがあるのじゃよ。この話はのぉ、わしがまだ子どもの頃の話じゃ。わしの爺さんと婆さんがよく話してくれたんじゃ。その時はなあ、何てへんてこりんな話をするもんじゃと、少しばかり馬鹿にして聞いていたもんじゃ。だけど爺さんも婆さんもそれはそれは熱心に話してくれるんじゃよ。同じ話を何遍も何遍も繰り返してのぉ。例えばこんな話じゃ。

「お前、よく聞けよ。くにとこたちのみことさんちゅう神さんはな、天を翔《かけ》る大龍でなぁ、雨をザブザブ降らしてくださる水の神さんやで」とな。こんな調子で、爺さんも婆さんも目をキラキラ輝かしてなぁ。ところがある時、変なことが起こったんじゃや。わしはお茶が飲みたくなったので、熱いお湯を急須《きゅうす》に入れようとしてうまくいかず、熱湯が右足にかかり大変なことになったんじゃや。わしの叫び声に婆さんがびっくりして飛んで来て、思わず「南無天理王命……、くにさづちのみことさん……亀さん亀さん早うたすけてやってくだされやー」と言ってわしの足をさすってくれたんじゃや。そしたらなぁ皆の衆よ、足の痛みがスーッと引いていってな、火傷も大事にいたらずに済んだんじゃよ。わしはもう、うれしいやら不思議やらで、ほんまにあのことは一生忘れんわ。それからというもの幾度となくこの話を聞いているうちに、訳はわからんが覚えてしもうて、病気の衆や困っている衆を見るとついついこの話をしてやるんじゃや。すると病気はそのうちよくなり、もめごとは治まってくる。何でそうなるのか、わしは今でもようわからんが、この話をすると神さんが喜ばれて、我々人間に力を貸してくださるのじゃないかとしか考えられんのじゃ。わしは、この年になってこの話は「たすけの理話」じゃと信じるようになった。そこでじゃ皆の衆よ。こんなありがたい話なら世の人々に早う伝えにゃならんと思うのじゃ。話し手は多い方が一日も早く一人でも多くの衆が結構になる話じゃ。どうか皆の衆よ、わしの心からの頼みじゃ、その語り部になってもらいたい。そう思うて今宵皆の衆に集まってもろうたのじゃ。意味がよくわからいでも、この話を伝えさえすれば神さんは動き出してくださるのじゃ。何とありがたいことやないか。おおそうか、そうか皆わかってくれたか。ああ、ありがたい、ありがたい。それでは「元初りの話」をしよう。よーく聞いてくだされや……。

話を始める前にもう一つだけ皆の衆に言うておかねばならんことがある。それは語り部の心得じゃよ。これは何もただ語りをすればよいということではないぞ。前にも言ったように、この話は「たすけの理話」じゃ。まず、我々語り部がこの話をすれば聞いている人は必ずたすかっていく、幸せになっていくという思いをもつことじゃ。

何も感心させたり、喜ばせたりする必要はない。ただ神さんのお心をしっかり伝えることなのじゃ。

それとなぁ、語り部たる我々がまず、話すことを楽しむのじゃ。義務やイヤイヤやるようではいかんぞ。喜んで、楽しみながら話すことが肝心なのじゃ。わかるかのぉ。

この世の元初りは、どろ海であつた。月日親神は、この混沌たる様を味気なく思召し、人間を造り、その陽気ぐらしをするのを見て、ともに楽しもうと思いつかれた。

むかーし、昔、この世はこんな世界ではなかった。どんな世界かというと、ある学者は「そりゃ火の燃えさかる世界だ」と言う。別の学者は「いやいやこの世の始めは氷の世界やった」とかいろんなことを言う。深く深く研究していけばそんなことになるのかもしれないけれど、本当のところはなーんにも分からんのだ。だってそうだろう、その頃人間なんてものは誰もいなかったから、見た訳でも聞いた訳でもなかろう。けれど、この世と人間の創造主である親神天理王命様はこう教えてくださっている。

「この世の元初りはどろの海であった」と。泥って何だか知っているだろう。そうそう、土と水を混ぜ合わせ、こね回すと泥になる。あの泥だ。泥の世界というからには、見渡す限り泥だらけの世界ということだ。まさしく天も無ければ地も無く、時間さえも無いという泥の世界だ。ドロドロ、ウネウネ、ドロドロ、ウネウネと漂っていたのだろう。そりゃあ全く暗く陰気な冷たい世界。それがこの世の元の世界の姿だと仰せくださる。

このどろ海を親神天理王命という神様がいつも眺めていてくださり、「何と味気ないことよのお」と残念に思われて、「何とかせねば、何とかしてやらねば……」と、心配してくださっていた。

そしてある時、ふと、こう思いつかれた。「そうだ。この味気ないどろ海を美しい明るい住みよい世界に造り変え、人間というものを造り、この世界に住まわせるようにしよう」そして二種類の人間を造られた。それが男と女。数もたくさん造り、人間達がお互いにたすけ合いながら、「うれしい、楽しい、ありがたい、もったいない」と毎日陽気に暮してほしい。そして神の楽しみというものは、人間の陽気な暮しぶりを見ることだと言われる。

これが親神天理王命様がふと思いつかれたことで今日の日の始まりとなったのだ。それからというもの、神様はこの大事業にとりかかられることになった。いやぁー、これは全く大変な計画である。

そこで、どろ海中《うみなか》を見澄まされると、沢山のどぢよの中に、うをとみとが混つている。夫婦の雛型《ひながた》にしようと、先ずこれを引き寄せ、その一すじ心なるを見澄ました上、最初に産みおろす子数《こかず》の年限が経つたなら、宿し込みのいんねんある元のやしきに連れ帰り、神として拝をさせようと約束し、承知をさせて貰い受けられた。

いよいよ親神様は、この世と人間を造られることになった。ところがこれは人間世界でもそうだが、何かを作る時には「ひながた、材料、道具」というものが必要となる。例えば更地《さらち》に家を建てようとすれば、まず設計図が必要となる。これが「ひながた」というものだ。それから、この家なら材木がこれぐらい必要なので山へ入って材木を切り出さねばならない。この材木が「材料」であり、切り出すためのノコギリを「道具」

という。親神様はこの世と人間を造ろうとされるので、いろいろな「ひながた、材料、道具」が欲しいと思われた。さてどこにあるのか。探す場所はどろ海しか無い。暗い冷たい陰気などろ海を親神様は一生懸命探された。何かないか、何かないかと……。

するると、親神様の熱い思いが通じたのか、どろ海の中に何かを見つけられたのである。いるいる、いる〳〵、そのものはザワ〳〵、ザワ〳〵とどろ海中に夥《おびただ》しい数である。よく見るとそれは小さなどじょうの大群であった。どじょうは泥の中にいる。泥まみれのどじょうも美しい水で洗うと泥がサッと落ちてきれいになるものだ。人間も心の中にいんねんという泥がたまっても神の話という水で洗えば、スッと美しい心になるようにしてやりたい。「そうだ！ このどじょうを人間のたねにしてやろう」と親神様は思われた。これだけのどじょうが人間になれば、さぞかしこの世は賑やかになることだろうとお喜びになってどじょうをほほ笑ましくご覧になっておられると、どじょうの陰から違うものがあちらこちらに出たり、入ったりしているのに気づかれた。

あちらのものは太短くて威勢がよい。こちらのものは細長くてゆったりと根気強そうである。太短くズングリなもののはうを（魚）であった。こちらの細長くゆったりしたものは「み」(蛇)であった。親神様はこれらをご覧になって思われた。「あのうをは男の元になってもらおう。こちらのみは女の元になってもらおう」と。

頼んでみるためにうをとみをお呼びになると一すじに親神様のところへやって来たのである。

そのうをとみを見て親神様は驚かれたのである。それらの顔はこれから造ろうと思っている人間の顔をしているし、肌はウロコもないスベスベした人間の肌であった。

これは本当にうってつけだと喜ばれ、早速うをは男の元と、みは女の元となってほしいと頼まれると、うをもみも顔を横に振り「出来ません」と断ってしまった。親神様はこのもの達以外にはないと思われたから、いろいろと説得されるのだが、うをもみもなかなか引き受けてはくれない。そこで最後に次のような条件を出して頼まれた。「もしお前達が引き受けてくれて人間が出来た暁には、最初に出来た人間の数と同じ年数が経った時……つまり十人出来たとしたら十年目に、百人出来たとしたら百年目ということ……。宿し込みのいんねんある元のやしきにお前達を連れ帰り、人間達からお礼を言わしたり、拝ませたりするから何卒引き受けてくれ」と。これには、うをもみも納得してお引き受けしたとのことである。

続いて、乾《いぬい》の方からしやちを、巽《たつみ》の方からかめを呼び寄せ、これ又、承知をさせて貰い受け、食べてその心味《あじわい》を試し、その性《しょう》を見定めて、これ等を男一《おとこいち》の道具、及び、骨つっぱりの道具、又、女一《おんないち》の道具、及び、皮つなぎの道具とし、夫々をうをとみとに仕込み、男、女の雛型《ひながた》と定められた。いざなぎのみこと　いざなみのみこととは、この男雛型・種、女雛型・苗代の理に授けられた神名であり、月よみのみこと　くにさづちのみこととは、夫々、この道具の理に授けられた神名である。

親神様は、さあ、これで男と女の元が決まったので喜ばれておったが、じっくりとうをとみを眺めておられると、何か物足りなさを感じられたのか、このうをにはもっと男らしい働きを、このみにはもっと女らしい働きをと思われ、また、ぐるぐるとどろ海を見渡され探しはじめられた。

すると北西《きたにし》の方角にするどい勢いをもった生き物を見付けられた。あれはええなあ。あれはこれから造る人間の骨の役目にピッタリ、あの勢いは男一の道具、世の中を造ったら、支え突っ張っていくという働きを頼もうと威勢のよいしゃちを見つけられたのである。しゃちを呼び寄せ、このことをお願いされたが、しゃちも断った。

しかし親神様は一生懸命に頼み込まれ、そしてやっと引き受けてくれたのでその働きをもらい受け、骨つっぱり、男一の道具、よろづつっぱりの働きとして「月よみのみこと」という名前をつけ、先ほどのうをに仕込まれ、立派な男のお手本、天から種を下ろす種の理をお与えくださり男雛型とし、「いざなぎのみこと」という名前をおつけくだされた。

今度はみに女らしい働きの道具はないものかとまた、どろ海をよく見渡して探されますと、南東《みなみひがし》の方角に皮の強い、頭の低い、踏んでもつぶれない、やさしいかめがいた。これはええなあ。これから造る人間の皮の働きに、世の中を造ったらつないだり、結んだりしてたすけていく働きをお願いされた。かめもやはり断ったが、やっと引き受けてくれたので、この働きをもらい受け、皮つなぎの働きとして「くにさづちのみこと」という名前をつけ、先ほどのみに仕込まれ、立派な女のお手本、天から下りた種をしっかり受ける苗代の理をお与えくださり女雛型とし、「いざなみのみこと」という名前をおつけくだされた。

これで男と女のお手本が出来たので、親神様の計画がどんどん進んで、さぞかしお喜びのことであったであろう。

更に、東《ひがし》の方からうなぎを、坤《ひつじさる》の方からかれいを、西《にし》の方からくろぐつなを、艮《うしとら》の方からふぐを、次々と引き寄せ、これにも又、承知をさせて貰い受け、食べてその心味《こころあじわい》を試された。そして夫々、飲み食い出入り、息吹き分け、引き出し、切る道具と定め、その理に、くもよみのみこと　かしこねのみこと　をふとのべのみこと　たいしよく天のみこととの神名を授けられた。

さあ、次はどうしよう。どうしてやろうかな。生まれた人間が小さかったら可愛想だ、食べ物を食べたり出したりして大きくしてやりたい。造り上げたこの世も干からびてしまうと具合がわるい。天から水分を降ろし大地を潤し、その水分をまた天に返す。つまり、水分が上ったり下ったり、食べものが出たり入ったり、くる〳〵、くるくるとスムーズに動いてくれるような、そんな働きをする道具はないものかと探され

ると、東の方にヌル〳〵した出入り自由なうなぎがおったのでこの働きを頼まれた。やっと引き受けてくれたので、飲み食い出入り、水気《すいき》上げ下げという働きをお願いされた。そしてこの働きに「くもよみのみこと」という名前をつけられた。

さあ今度は人間に生命《いのち》を与えたい。息をする、呼吸をさせる、空気を体の外と内《なか》に動かす息吹き分けである。世界でも空気を動かし風を造ってやりたい。そんな道具はないものかと探されると南西《みなみにし》の方角に、風を起こす団扇《うちわ》を海に投げ込んだらそのまま泳ぎ出したようなうすっぺらい魚がおった。それはかれい。このかれいに頼んで人間の呼吸の働き、息吹き分け、世界では風の働きを引き受けてもらい、その働きに「かしこねのみこと」という名前をつけて、もらい受けられた。

さあその次は、人間は一代、二代では仕方がない。永劫末代まで生命が続くためには、女の胎内《はら》に子を宿し、その子をグーッと引き出す、つまり親の胎内《たいない》から子を引き出すための綱のようなロープのような道具はないかと探されますと、西の方角に長い丈夫な黒ヘビ、つまりくろぐつながいたのでこれに頼んで、胎内《たいない》から子を引き出す働きと、世界では引き出し一切の働きを引き受けてもらい、「をふとのべのみこと」という名前をつけられた。

さあ、あと一つ。胎内から引き出した子どもをポンと切り離す。つまり胎縁を切る働き。そして、人間は百歳、二百歳まで生きていると体もだんだん傷《いた》みますので、時々命を切って新しい体と入れ替えてやりたい。つまり出直しの時、息を引き取る世話もしてやりたい。また、世界では悪い芽を切って良い芽を出す、悪いいんねんを切って良いいんねんにしてやりたい。切ってたすけるハサミのような道具はないかと探されると、北東《きたひがし》の方角に鋭い一枚歯と体に毒をもったふぐがいたので、これこそ親と子の胎縁を切り、出直しの時、息を引き取る世話もしてくれそうな道具であることを見極めて引き受けてもらい、この働きに「たいしよく天のみこと」という名前をつけられた。

道具が全部揃ったので、さあこれから宿し込みが始まる。

かくて、雛型と道具が定り、いよいよここに、人間を創造されることとなつた。そこで先ず、親神は、どろ海中のどぢよを皆食べて、その心根を味い、これを人間のたねとされた。そして、月様は、いざなぎのみことの体内に、日様は、いざなみのみことの体内に入り込んで、人間創造の守護を教え、三

日《か》三夜《よさ》の間に、九億九万九千九百九十九人の子数を、いざなみのみことの胎内に宿し込まれた。それから、いざなみのみことは、その場所に三年三月留り、やがて、七十五日かかって、子数のすべてを産みおろされた。

道具が全部出来たので、さあいよいよ、これから宿し込みが始まることとなった。

親神様は最初に見付けられた、あの夥《おびただ》しい数のどじょうを食べられた。おいしい、おいしいと言って食べられた。これは固いなあとか、これはまずいなあとは仰っていない。まさしく心根を味わわれた。人間の種は皆食べられているので、この世に生きている人間はいつの日か必ず親神様のお話を聞く日が来るということである。どうか一生懸命においがけにお励みいただきたい。

いよいよ男雛型・いざなぎのみこと、女雛型・いざなみのみことが相対《あいたい》しまして宿し込みということになったが、最後に親の力がこもった。

男雛型・いざなぎのみことには、くにとこたちのみことのお働き。どろ海でのお姿は頭一つ、尾一つの大龍。お月様、水の働き、男の働き、冷静沈着な理性の働きが男雛型いざなぎのみことにグーッと力を貸す。

今度は、女雛型・いざなみのみことには、をもたりのみことのお働き。どろ海でのお姿は、頭十二、尾三つの大蛇。お日様、太陽、火の働き、熱、温み、女の働き、優しいお母さんの働きが女雛型いざなみのみことにグーッと力を貸す。月日両神の力を戴いたいざなぎのみこと、いざなみのみことはいよいよ人間宿し込みとなる。

三日三夜《みっかみよさ》かかって、いざなぎのみことはいざなみのみことの胎内になんと九億九万九千九百九十九《くおくくまんくせんくひゃくくじゅうく》人の子数を宿し込みになった。これからいろいろと数字が出てくるが、人間の生命に関わる数である。それからいざなみのみことは、その場所に三年三月《さんねんみつき》留まると産み出すという力をいただいた。

さあ生まれた、生まれた九億九万九千九百九十九《くおくくまんくせんくひゃくくじゅうく》人の子数。一日や二日では生み切れない。七十五日かかった。元はじまったところ七里四方に七日間、残る大和地方に四日間、そこから伊賀（三重）山城（京都）河内（大阪）に十九日。残る日本全国に四十五日、合計七十五日かかって子数の全てを産みおろしてくださった。

最初に産みおろされたものは、一様《よう》に五分《ぶ》であつたが、五分五分と成人して、九十九年経つて三寸になつた時、皆出直してしまい、父親なるいざなぎ

のみことも、身を隠された。しかし、一度教えられた守護により、いざなみのみことは、更に元の子数を宿し込み、十月《とつき》経つて、これを産みおろされたが、このものも、五分から生れ、九十九年経つて三寸五分《ずん》まで成人して、皆出直した。そこで又、三度目の宿し込みをなされたが、このものも、五分から生れ、九十九年経つて四寸まで成人した。その時、母親なるいざなみのみことは、「これまでに成人すれば、いずれ五尺の人間になるであろう」と仰せられ、にっこり笑うて身を隠された。そして、子等も、その後を慕うて残らず出直してしもうた。

産みおろされた人間は一寸の半分の五分という大きさであった。それでも親神様のご守護で五分五分と成人し、九十九年経つと三寸まで大きくなって、人間は皆出直し、父親のいざなぎのみことも身を隠された。さあ、また、まっ暗などろ海があるばかり……。

親神様は、人間は元々自分の力で生まれかわり出かわりを繰り返しながら、いずれ五尺の人間になってほしいと思っておられたが、ある大きさに成長するまでは親の方から三回は思いをかけてやらねば人間は五尺に成長、成人しないということを教えてくださったのか、二回目の宿し込みをしてくださる。十月《とつき》経って産みおろすとやっぱり最初と同じく五分の大きさであった。それが親神様のご守護で五分五分と大きくなって九十九年経って三寸五分になると皆出直す。そして三回目の宿し込み。十月経って産みおろすと、やっぱり五分。五分五分と大きくなって九十九年経って四寸になった。皆さん、お気づきかな?

九十九年は三回とも同じなのに、大きくなり方が一回目は三寸、二回目は三寸五分、三回目は四寸というように五分ずつ成長が早くなっている。つまり人間の成人、成長は同じスピードで進むのではなく、成長し出すとだんだん早くなる。つまり成人、成長は加速するということである。ここに成人、成長することの楽しみをお与えくださっているように思える。

母親であるいざなみのみことは、四寸になった人間をご覧になって、これで人間は五輪五体《ごりんごたい》そろった五尺の人間になる可能性の見極めがついた。つまり子どもが成人する目標《めどう》がついたので、ご安心なされたのでにっこり笑うて身を隠されたのである。

そして子どもである私たち人間も母親の後を慕うて残らず出直してしまったのであ

る。

我々人間も出直す時にはにっこり笑うて出直しできる親になること、そして、親ににっこり笑うて出直して貰える子どもになることが大切である。身を隠すことは人生の中で一番つらく、さみしく、悲しいことである。そんな時でさえ「にっこり」笑えるということは人生における全ての事柄に「にっこり笑うて」対処できることであり、まさしく「陽気づくめ」となる。

そして、また、元のドロドロした暗い暗いどろ海が広がる。

その後《のち》、人間は、虫、鳥、畜類などと、八千八度の生れ更《かわ》りを経て、又もや皆出直し、最後に、めざるが一匹だけ残った。この胎《はら》に、男五人女五人の十人ずつの人間が宿り、五分から生れ、五分五分と成人して八寸になつた時、親神の守護によつて、どろ海の中に高低が出来かけ、一尺《しゃく》八寸に成人した時、海山も天地も日月《じつげつ》も、漸く区別出来るように、かたまりかけてきた。

そして人間は親神様の思いどおりに、最初は魚のような形になり、それから虫になり、鳥になり、畜類になり、そして猿になる。人間は八千八度《はっせんやたび》の生まれかわりを経て、またもや皆出直すが、最後にポツンと残ったものがある。これが、めざるであった。人間はそれからというものは、めざるのお腹に男五人女五人の十人が宿り、十人、十人、十人と生み出された。やはり最初は五分から生まれ、五分五分と大きくなり五寸六寸七寸八寸になった時にどろ海に変化が起き始めた。泥が持ち上がったり、下がったり、平らになったり、硬さが変化し始めた。泥は何で出来ているかと言えば土と水の合わさったものである。その土と水を親神様が仕分けをされ始められた。土は土、水は水という具合に。土の所を陸と言い、水の所を海、川、池と呼ぶ。これが現在の世界の姿である。人間が八寸になった時、親神様は人間の住む所は人間の成長成人に応じてお与えくださるのが親神様のご守護である。だから人間が住む世界を決めることは出来ない。例えばお金があるからといって、御殿のような家を建てた瞬間にそこの当主が亡くなったという話はよく聞く。住む世界の決定は人間がするのではなく、親神様がその者の心の成人を見て分相応《ぶんそうおう》の住む所をお与えくださるものである。

教会の神殿を例にとってもわかるように、出発は初代の先生一人の布教から始まる。たすけられた人がそのご恩返しのために布教を始め出し、橋の下やお宮の境内で雨露をしのぎ布教に専念される。だんだん道がつき三畳一間に神様をお祀りし、信者も増えて六畳の間に移る。そして六畳も手狭になり、教会ふしんとなる。道はさらに伸び広がり、今では立派な神殿のご守護の姿となる。まさしく心の成人と共にお与えくださる住む世界の実現が如実に現れるのである。人間は八寸をこえて一尺となり、尚どんどんと成長していった。そして一尺八寸という大きさになった時、持ち上がった所は山のようや、下がった所は谷のようや、平らな所は野原か平野のように見える。水の溜まった所は海や池や沼や川のような、今の世の姿が現れ出てきたのである。

そして、人間は、一尺八寸から三尺になるまでは、一胎《はら》に男一人女一人の二人ずつ生まれ、三尺に成人した時、ものを言い始め、一胎に一人ずつ生れるようになつた。次いで、五尺になつた時、海山も天地も世界も皆出来て、人間は陸上の生活をするようになつた。

この間、九億九万年は水中の住居《すまい》、六千年は智慧の仕込み、三千九百九十九年は文字の仕込みと仰せられる。

人間が一尺八寸から三尺になるまでは、男五人、女五人の十人から、男一人、女一人の二人ずつ生み出してくださるようになった。

そして、三尺になった時、ものを言い始めて、人間は一人ずつ産み出された。そして大きく成長していった。親神様は、人間が五尺の大きさになったら陸上の生活をさせてやりたいと考えておられた。そのためこの世に食物《たべもの》を準備してくださった。山には木を生やし、木の実や果実、平らな所には捕って食べる動物、水の中には魚や昆布や貝といった食物をこの世にたくさん作り、五尺の大きさになった時に全部陸上へ上がりなさいと、九億九万年の水中の住居《すまい》にピリオドがうたれた。

陸上に上った人間を見て、親神様はまたまたご心配が続く。人間達が生《なま》の食べものを食べて身体をこわすと可哀想や。そのためには、火を使って煮たり焼いたりすることを教えてやろう。また、あの野菜を全部食べ尽くしたらどうするだろうか。種をとってまた、栽培することを教えてやろう。六千年かかって人間に智慧をお仕込みくだされた。

もうそれでよいかと言えば、まだまだ親神様にはご心配が絶えない。今の人間が死に絶えてしまったら、次の世代の人間にどうして良いことや悪いことを伝えていくのだろうか。そうだ、文字を教えて書き残すことを教えてやろう。三千九百九十九年かかって文字を仕込んでくださった。

九億九万年の水中の住居《すまい》、六千年の智慧の仕込み、三千九百九十九年の文字の仕込み。合計、九億九万九千九百九十九年かかって、この世と人間をこんなにすばらしく造り上げてくださったのが親神様のご守護であり、親心あふれるご苦労のお話である。そして今も尚、心一つで陽気ぐらしへとお導きくださっているのが親神天理王命のお働きである。

どうじゃな……まあこんな具合になぁ。それじゃみなのもの。頼んだぞぉ。

ながらく
ご覧いただき
ありがとう
ございました
これからも
元の理の広めに
お力添え
下さい
それから、
このあとの『付録』
は「根掘るもよう」
の思案に大いに
お役に立ちます
ので御活用の程
よろしくお願い
申し上げます。

おわりに当たって

そもそもこの本は私の発案で生まれたのではありません。甲賀大教会に所属する元の理愛好家の仲間から、熱い思いを聞かされて、その心情にほだされ、その気になったので出来上がりました。今にして思えば、よくぞ声をかけてくださったと喜びと感謝の念を抱いています。

私が、「元の理」に興味をもち、いわば「元の理」の虜になったのは、本文にも書いておきましたように、昭和五十五年四月、本部月次祭での西村勝造先生の神殿講話を聴かせていただいてのことです。「啐啄同時《そったくどうじ》」という言葉がありますが、まさにそのような出来事でした。私が「元の理」を求めていた思いと先生のご講話の巡り合わせがそうだったのでしょう。それ以来、私の「元の理」に対する考え方や思いが一変し、次第にのめり込んでいきました。それ以降に起こる不思議な事柄や現実に益々心が踊り、親神様の思召くださる「元の理の広め」に情熱が湧くようになったのです。

その発露は、「元の理リーフレット」の制作、配布をはじめ、講演、CD、元の理落語のDVDやYouTubeの発信等々、あらゆる手段で「元の理の広め」の一助ならんことを念じていました。その矢先に、「仲間達」の熱い声をいただき、今回の出版に賛同し、原稿作成に踏み切った次第です。

そうした折、養徳社社長の冨松幹禎先生に話が伝わり、一条の光を頂戴したのであります。お陰様で「渡りに船」とはこのことで、社長様はじめ、社員の皆様のご協力をいただき、ここに出版の日を迎えさせていただけたことは、この上ない喜びです。

願わくば、この本の活用により、教祖の思召くださる「元の理の広め」と「根掘るもよう」の実行と共に、皆様のおたすけの一助になればありがたく存じます。

最後に、私を盛り立てスタートからゴールまで根気強く編集に携わってくださったスタッフ、堀田利行氏、板倉元氏、大島啓嗣氏、川島一郎氏、山本信次氏、中谷千秋さん（順不同）に心から感謝しています。

皆様のご高覧とご利用を心よりお願いしてご挨拶にかえたいと思います。

立教180年（平成29年）10月吉日

岡田　悟

付　録

1. 十全の守護（思案のヒント）

この付録の中には、一度読んだだけではアレっと疑問に思う内容、表現もあると思います。また、中には教祖が直接に教えられたものではない私個人の悟りも含まれています。しかし、何かにひっかかったり、悩んだりしたとき何回も読み直す中で「あっそうか！」と気付くタイミングが必ず出てきます。そんな将来を楽しみに読んでもらいたいと思います。また、中には不明瞭な表現もありますが、その文字・言葉から、そこに含まれたイメージをふくらませてもらえると嬉しく思います。

◇十柱の神名について

親神天理王命は、十全の働きをもって、この世と人間をお造りくださった元の神、実の神であります。その十の働きに神名をおつけくだされました。これが「十柱の神名」です。

ところが神名を見ると、あたかも十の神様がおられるように思えるので、時々「天理教は多神教ですか」と尋ねる人がいますが、多神教ではありません。あくまでも、神はこの世と人間をお造りくだされた親神天理王命だけなのです。

車にたとえて説明してみましょう。

車は全ての部品（働き）が完全に作動してこそスムーズに働きます。その部品に名前が付いています。例えば、クルクル回すと車の方向が変えられる働きには「ハンドル」という名前。踏めば止まる働きには「ブレーキ」という名前。踏めばスピードが上がる働きには「アクセル」という名前。その他、いろいろの部品（働き）にそれぞれ名前がついていますが、この働き全てを合わせて一台の車と言います。

それと同じように、親神様の働きに応じた呼び方は、その守護の種類（車で言えば働き）によって呼び名が変わるのです。

その親神様の働きを十に分けて、それぞれの働きに応じてつけられた名前を「十柱の神名」と言います。また、その親神様の働きを「十全の守護」と言います。それらにつけられた名前と、どろ海でのお姿は次の通りです。

十柱の神名

1. くにとこたちのみこと（大　龍）
2. をもたりのみこと（大　蛇）
3. くにさづちのみこと（か　め）
4. 月よみのみこと（しゃち）
5. くもよみのみこと（うなぎ）
6. かしこねのみこと（かれい）
7. たいしよく天のみこと（ふ　ぐ）
8. をふとのべのみこと（くろぐつな）
9. いざなぎのみこと（う　を）
10. いざなみのみこと（　み　）

「十全」という言葉の意味は、十あるから十という意味ではなく、十全とは十分にして完

全という意味です。ですから、この十全の守護によって、この世と人間のありとあらゆることについて完全な働きをいただいているということに他なりません。ですから、この十全の守護があらゆる身上・事情の解決の決め手になると言っても過言ではありません。

では、それぞれについて、一つずつ繙《ひもと》いていきましょう。

ここでは「天理教教典 第四章 天理王命」（十全のご守護の説きわけ）と「こふき本」（十六年本　神の古記）の記述から、私自身が悟ったキーワードを拾い上げ、そのキーワードを元に更なる悟りの展開を示していきます。そこから先は、様々なおたすけに直面されている読者の皆さんの悟りの世界を広げて、現代のおたすけの一助にしていただきたいと思います。

なお、それぞれの神名から悟れるキーワードの中の方角と順序については、本書第二章の方角・順序で触れていますので、ここでは多くは触れないことにします。

◇くにとこたちのみこと

■人間身の内の眼うるおい、世界では水の守護の理

●こふき本（十六年本　神の古記）には、「くにとこたちの命わ、天にてわ月様なり。この神わ男神にして、おんすがたわ、かしら壱《ひと》つ、おふわひとすじのたいりやうなり（御姿は頭一つ、尾は一筋の大龍なり）」とあります。

☆くにとこたちのみことから思案するキーワード

①　どろ海では、大龍のお姿
②　天にては月として現れる＝夜の世界
③　身の内では眼うるおいや水分
④　世界では水の働き
⑤　男の本性

⑥　方角は北―天・上

⑦　神名の順序　1番目

では、一つずつ紐解いてみましょう。

①「大龍」からの思案

どろ海の中のお姿は、頭一つ、尾一つの大龍として表現されています。このことで「くにとこたちのみこと」の働きを、より多く、より深く悟れるようにとの配慮が考えられます。それは、単なる生物学上の概念ではなしに、親神様の超越的存在と、絶大な守護を分からせるための神秘的、象徴的な表現です。

すなわち、人間創造の時、どろ海での龍の姿を通してお教えくださる親神様の思いは、「天」「月」「水」「男」「眼」とイメージをふくらませ、我々人間に「くにとこたちのみこと」の働きをわかりやすく、納得のできるように、そして、身近に親神様のお働きを感じ、感謝、報恩の心で陽気ぐらし世界へとお導きくださるのです。

■「水」

「龍」は民間信仰では雨乞いや航海上の守護神として尊ばれ、龍は天高く翔《かけ》めぐり、雨を降らせます。すなわち、「水」「水分」の働きを示しています。

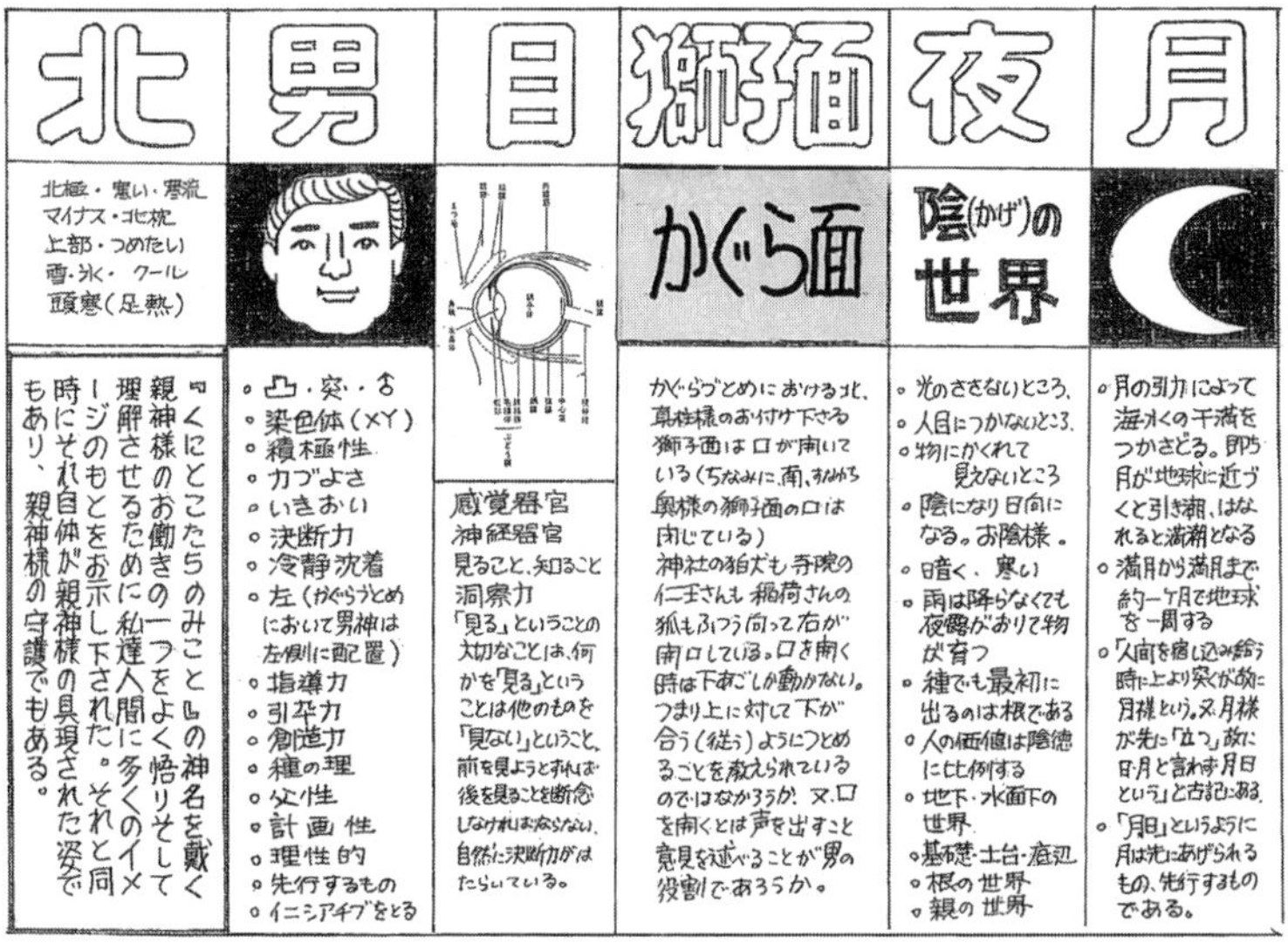

北
男
目
獅子面
夜
月
北極・寒い・寒流
マイナス・北枕
上部・つめたい
雪・氷・クール
頭寒（足熱）
かぐら面
陰（かげ）の世界
『くにとこたちのみこと』の神名を戴く親神様のお働きの一つをよく悟りそして理解させるために私達人間に多くのイメージのもとをお示し下された。それと同時にそれ自体が親神様の具現された姿でもあり、親神様の守護でもある。
○凸・突・♂
○染色体（XY）
○積極性
○力づよさ
○いきおい
○決断力
○冷静沈着
○左（かぐらづとめにおいて男神は左側に配置）
○指導力
○引率力
○創造力
○種の理
○父性
○計画性
○理性的
○先行するもの
○イニシアチブをとる
感覚器官
神経器官
見ること、知ること
洞察力
「見る」ということの大切なことは、何かを「見る」ということは他のものを「見ない」ということ。前を見ようとすれば後を見ることを断念しなければならない。自然に決断力がはたらいている。
かぐらづとめにおける北、真柱様のお付け下さる獅子面は口が開いている（ちなみに、南、すなわち奥様の獅子面の口は閉じている）
神社の狛犬も寺院の仁王さんも稲荷さんの狐もふつう向って右が開口している。口を開く時は下あごしか動かない。つまり上に対して下が合う（従う）ようにつとめることを教えられているのではなかろうか。又、口を開くとは声を出すこと意見を述べることが男の役割であろうか。
○光のささないところ、
○人目につかないところ、
○物にかくれて見えないところ
○陰になり日向になる。お陰様。
○暗く、寒い
○雨は降らなくても夜露がおりて物が育つ
○種でも最初に出るのは根である
○人の価値は陰徳に比例する
○地下・水面下の世界
○基礎・土台・底辺
○根の世界
○親の世界
○月の引力によって海水の干満をつかさどる。即ち月が地球に近づくと引き潮、はなれると満潮となる
○満月から満月まで約一ケ月で地球を一周する
○「人间を宿し込み給う時に上より突くが故に月様という。又、月様が先に「立つ」故に日月と言わず月日という」と古記にある。
○「月日」というように月は先にあげられるもの、先行するものである。

■「眼」「男性」

「龍」は天空を翔て、一瞬にして千里を飛ぶという「行動力・実行力」があります。すなわち眼が、非常に素早く目標に到達する「見る」という働きを「大龍」と言われたのかもしれません。このことから「見ること」は「知ること」であり、「見る、知る」は先に立つものの役割であり、「男性的」な働きとも言えます。

■首尾一貫

一頭一尾のお姿は、最初から終わりまで考えや行動を曲げないで貫き通すこと。親神様の意志が時間、空間を一貫して、全宇宙、全世界をあまねく支配

されていることを表されているのではないかと思われます。「決心・即実行」を象徴されているのではないかと思われます。

■「天」

天空に翔け登る龍の姿は、「地」に対する「天」の働きとして示唆《しさ》されています。「天」は下を見るもの。また、下から見上げるもの。上から下への働きと言えます。

②「月」「夜」からの思案

「くにとこたちのみこと」の天にての姿は、「月」と教えられます。「月」は夜の世界を照らす働きです。では、その「夜」の意味するところは何かというと、「夜」は寒く暗い陰の世界でもあります。

■「月」

・月の引力が海水の干満を司ります。

・月は満月から満月までの約一カ月で地球を一周。

・月日というように、日月ではなく、月は先にあげられるもの、先行するものです。

■「夜」(陰)

・光の差さないところ。

・人目につかないところ。
・物に隠れて見えないところ。
・陰になり日向になる、陰を大切にするとお陰様でと言える。
・暗く寒いところ。
・雨が降らなくても夜露が降りて物が育つ。
・種でも最初に出るのは芽ではなく、地中の根である（根の世界）。
・人の価値は陰徳に比例する。
・地下、水面下の世界。
・基礎、土台、底辺。

③「眼」からの思案

■「決断力」

見ること、知ること、洞察力があり、前を見るということは、後ろを見ることを断念しなければならないことから、自然に「決断力」が働いてきます。

■「見る」ということの大切なことは、何かを「見る」ということと、他のものを「見ない」という二通りが含まれます。

④「水」からの思案

この世は「水」に守られた世界であり、それこそ「水中の住居《すまい》」です。もしも、この世から「水」がなくなればどうなるのか。考えただけでもゾッとします。「水」こそ神の姿なのです。この世に溢れる「水の恩恵」を思いつくままに上げてみます。

■水と身体

・身体の約70％は水分、地球の水分も約70％。

・生命のあるところに水あり。三日間水を飲まなければ生きることが出来ない。

・眼の潤い、まぶたの開閉が出来るのは涙のお陰。

・食べ物が喉を通るのは喉の潤いのお陰。

・スムーズに話せるのは唾のお陰。
・栄養がすみずみまで行き渡るのは血液の流れのお陰。

■水の働きと性質

・汚れたものを洗う水は、自分は汚れて他のものを美しくする。
・方円の器に従うとは、相手に合わす「すなお」ということ。
・潤うとは、干《ひ》涸《から》びない、乾かないこと。
・植物を育てる。
・低い方へ流れる。
・バランス　どちらにも流れない状態が水平の状態です。その働きからレベル（水平）を見ることが出来るのです。

■水の力

・氷を溶かす、火を消す、ものを保存する（冷やす力）があります。
・流す力がありますので、水車を回す・発電（水力）することが出来ます。
・濡らすと、つやが出ます。また光が出ます。そうすると色が冴えます。
・濡らすと、物はやわらかくなります。溶かす事も出来ます。

・水に比重の軽い物を入れると浮かびます。物を浮かせる力があります。このように数多くのことが思い浮かびます。しかし、この「水」に逆らえばどうなるのでしょう。

形ある物は破壊され、流され、溺れる。また、凍り付き、圧迫されて乾燥し呼吸も出来なくなってしまうのです。

⑤「男」からの思案

■突く働き、凸、♂

積極性・力強さ・決断力・指導力・引率力など、先行するイニシアチブをとる（真っ先に立ってする）働きがあります。

■冷静沈着

計画性があり、理性的なところがあります。

■左

かぐらづとめにおいて、南から見た場合、男神は左側に配置されているところからの悟りです。

■創造力

■種の理

■父性

■男性の染色体（ＸＸ→ＸＹ）

⑥方角「北」からの思案

■北極

■寒い、寒流、冷たい

■マイナス

◇**をもたりのみこと**

■人間身の内のぬくみ、世界では火の守護の理

●こふき本（十六年本　神の古記）には、

「おもたりの命様わ、てんにてわ日輪様、この神わ女神、御すがたわかしら十二の三すじのおふに三つのけんある大じやなり（御姿は

頭十二、三筋の尾に三つの剣ある大蛇なり）」とあります。

☆をもたりのみことから思案するキーワード

①　どろ海では、大蛇のお姿

②　天にては日（太陽）として現れる＝昼の世界

③　身の内ではぬくみ

④　世界では火の働き

⑤　女の本性

⑥　方角は南―地・下

⑦　神名の順序　２番目

では、一つずつ紐解いてみましょう。

①「大蛇」からの思案

どろ海の中のお姿は、頭十二、尾三つの大蛇として、表現されていて、大蛇のお姿から「をもたりのみこと」の働きを、より多く悟れるようにとの配慮があります。

○頭十二とは何のことでしょう。

子、丑、寅、卯、辰、巳、午、未、申、酉、戌、亥

それは、もしや十二の方角か。それとも子の刻、丑の刻。刻々変わる「時の流れ」、午前中は十二時間。午後もこれまた十二時間。一年は十二の月でひとまわり。時間の意味があるのでしょうか。時と共に物事は変化していきます。時間の経過は変化のご守護と言えます。成長「育て」のご守護も変化です。「育て」は母親、女の理です。

大龍の頭一つの、一点を見据えるという男性的な働きに対して、大蛇の十二の頭は、方々を一度に見ることが出来るという働きで、「くにとこたちのみこと」の「線」のイメージに比べると「面」を感じることができます。

○三つの尾とは何のこと

■女の理を支える三つの働き

・飲み食い出入り・水気上げ下げ、消化器の働き。

・息吹き分けに風の守護・呼吸の働き。

・生まれた児を胎内より引き出す世話どり。

■三つの尾には剣がある

・危険をはらむ三つの剣、女性にひそむ三つの剣。

・1親突く、2子突く、3夫突く、という三つの邪剣があるという。

・邪険な心を出さぬよう皮でつないで剣を覆う。

・優しい心でいてほしい。

大蛇は俗に地を這い、火を吐くと言われている。すなわち大地の働き、火の働きが「をもたりのみこと」の働きを知る鍵となります。火の働きこそ、身の内（体内）では「ぬくみ」と称せられる生命の証です。

また、かぐらづとめでは、女神として、北でつとめられる「くにとこたちのみこと」に対して南側でつとめられ、天（男性）に対する地（女性）としての働きを示されています。

日干し
火遊び
火あぶり
火よけ
火の手
加減
火元
日よけ
火打ち
火消し
火の粉
付け
火祭
火花

火熱 暖める・保温する・燃やす
焼却する・溶かす・熔かす
沸とうさせる・乾燥させる・下から上へ
燃える（方向）・浮かせる（熱気球）
膨張させる・推進させる（エンジン）
発電する・発煙させる・育成する

光明 照明する・光らせる・輝く
閃めく・通信する（灯台）
装飾する・影をつくる・育成する

ぬくみ 体温・生命・健康・保温
血液・防寒・エネルギー

○火も一つ間違うと恐しい火事になる。
上手につかえばこの上なく便利なもの。
情熱の火も親神様より人間のみに与えられた特権です。間違わぬよう「火の心」を大切につかいたいものである。

○「火加減」「熱加減」が肝心・肝心!!

②「太陽」からの思案

「をもたりのみこと」の天にての姿は、「日、太陽」と教えられています。「太陽」は「火」であり、「光」であり、「熱」であり、昼の世界を照らします。そして何よりも奇異に感じ、特に具体的に「数」をもって示されているところの、頭十二、尾三つの大蛇の姿は何を意味し、何を悟れと暗示されているのでしょうか。ごく正直に教えのままをイラストに表せば、前掲（一八三頁）のようになりますが、こんな奇妙な動物が存在するのかどうかは別問題にして、「をもたりのみこと」の働きを、このような姿を見せてでも悟らせようとされる親神様の親心を重視して、童心のような純粋な心で、よく思案する方が良いと思います。

さらに「大蛇」のお姿を通して、お教えくださる親神様の思いは、「地」「火」「日」「女」「南」「下」とイメージをふくらませることが出来ます。

③「ぬくみ」からの思案

「ぬくみ」のご守護から「をもたりのみこと」のお働きをよく味わい、そのご恩に報いる心を高揚したい。「ぬくみ」とは「体温」です。つまり「熱」と「光・明るさ」の働きを戴いていることです。

④「火」からの思案

「火」とは「日・太陽」であり、「灯・あかり」です。

・火は熱
暖める、保温する、燃やす、焼却する、熔かす、沸騰させる、乾燥させる。
・火は下から上へ燃える（方向）
・火には力がある
浮かせる（熱気球）、膨張させる、推進させる（エンジン）、発電する、発煙する、育成する。
・火は光を出し明るい
照明する、光らせる、輝く、煌《きらめ》く、通信する（灯台）、装飾する、影をつくる。
・火は生活のエネルギーの象徴とも考えられるので、全ての物事をたくましく推し進めていく実行力のご守護です。
「くにとこたちのみこと」「をもたりのみこと」の洞察力と実行力という二つの能力は、月日両神の働きと示されているように、人間の最も基本的な大切なご守護です。
・火は下から上に炎を上げ、己を燃やすことによって、他の物に熱を伝え、炎を移し形を変えます。
・「火の心」とは、燃える心。人に愛情を抱く。または、与えられた仕事、役目に情熱を燃やし、取り組む心です。

・苦しみ、悩む人の運命は、親切心や温かい心だけでは変えられない。そこに火のような、熱い思いが加わった時、人の運命に変化が現れます。

・丁度よい体温（36・5℃）は、健康である証拠です。

もしも、このバランスのご守護が欠けた時、それを病気といいます。熱が4度上がると苦しむことで済むが、下がる方は、1度下がっても危険です。冷たい心は、気をつけたいものです。体温が上がると汗が出て、体温を下げる働きが起こります。体が冷えると、ブルブルと震えて熱を起こす働きが始まります。また、体温は外気に影響されません。

・「火加減」「熱加減」が肝心

火は一つ間違うと火事になります。上手に使えば、この上なく便利なもので、情熱の火も、親神様より人間のみに与えられた特権です。間違いなく「火の心」を大切に使いたいものです。

⑤「女の本性」からの思案

〇「大地」「下」「南」「女」からの思案

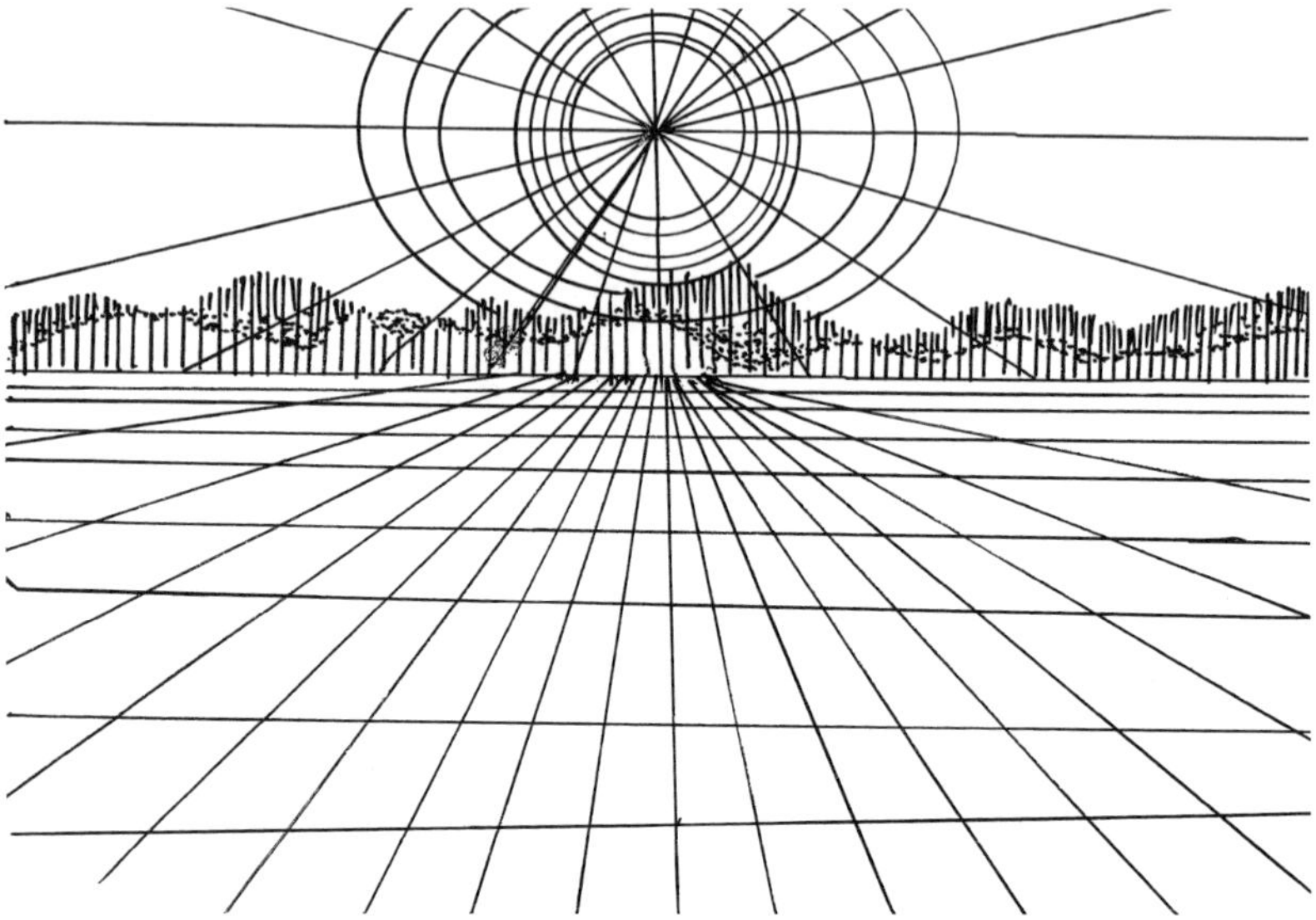

・大地は地の理、女の理。
・天あっての「地」ではなく、大地あっての「天」です。
・大地なければ「天」はなく、単なる空間、広がりばかり。
・男あっての女ではなくて、女あっての男なり。
・女性の染色体（XX）。
・ゆるぎない大地の上に、いのちは育ち、家は建つ。
・ひとたび地の理を失えば、大地は流れ、何事も根底より崩れ去る。
・地の理を得れば栄えます。無限大の可能性。
・女は土台、大地の理。

・「女」と「台」で「始」りとなり、あらゆることが動き出す。

○女の理よりうかがえる言葉を並べてみたならば（七五調で読んでみてください）。

・「をもたり」さまのお働き　まだまだ溢れる親心。

・かぐらづとめの女神　右側《みぎ》に並んでつとめます。

・「をもたり」さまのかぐら面　「呍《うん》」の形で閉じた口。

・火、地、南、右に下　南は暖か春の風　下は上から落ちる場所。

・落ちるところは低い場所　低い心は受け心。

・凹の形は受ける型　受ける心は選ばない。

・事のよしあし言わないで　受けて育てる母の愛。
・「をもたり」さまのおはたらき　心にしみるありがたさ。

◇くにさづちのみこと

■人間身の内の女一の道具、皮つなぎ、世界では万《よろず》つなぎの守護の理

●こふき本（十六年本　神の古記）には、「國さつちの命、この神様わ、天にてわげんすけほし（源助星）、女神様わなり。おんすがたわかめなり（御姿はかめなり）」とあります。

☆くにさづちのみことから思案するキーワード

①　どろ海では、かめのお姿
②　女一の道具
③　皮つなぎ
④　万つなぎ
⑤　方角は巽（南東）
⑥　神名の順序　３番目

では、一つずつ紐解いていきましょう。

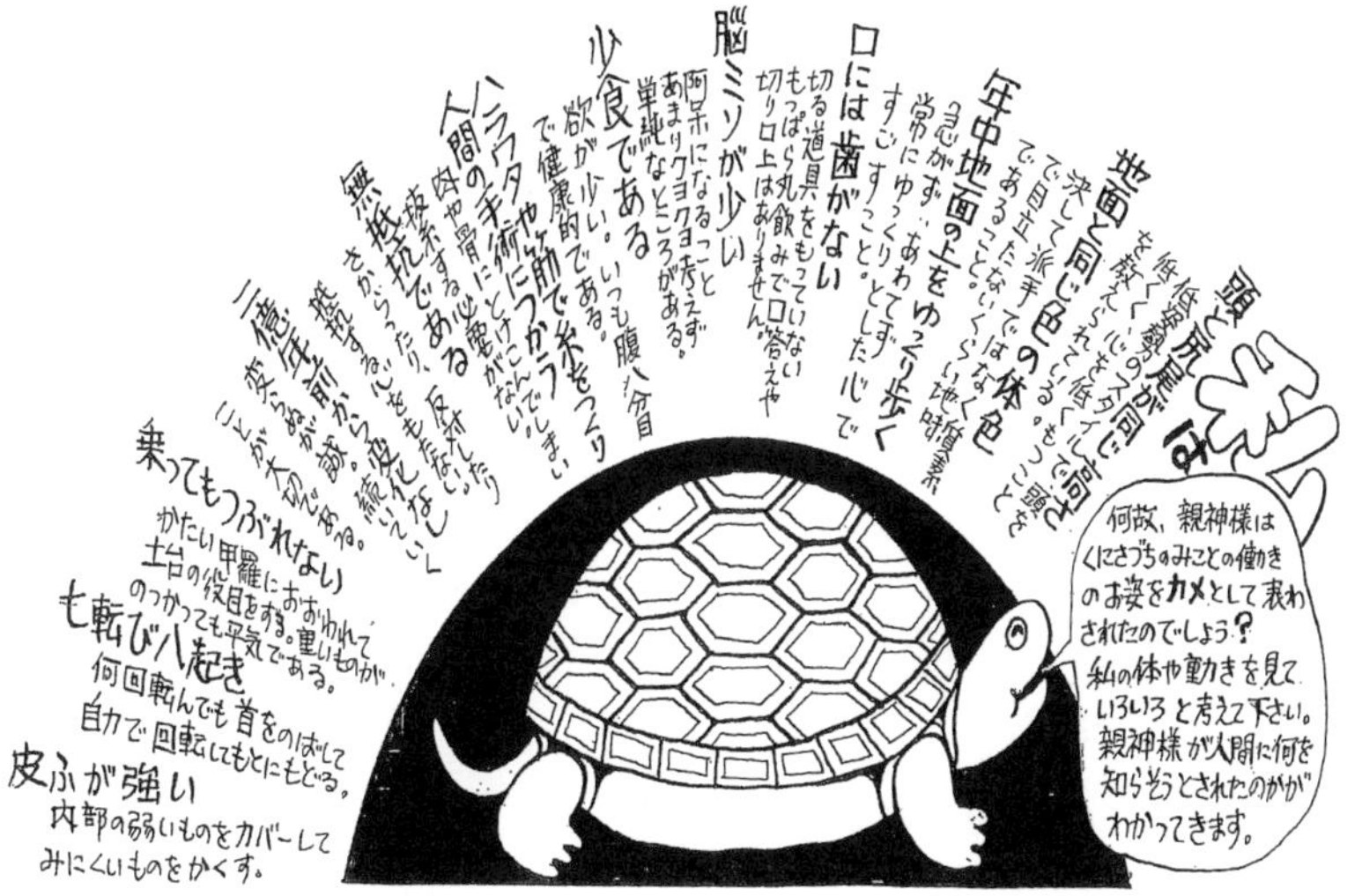

① 「かめ」からの思案

親神様は何故、「くにさづちのみこと」を「かめ」の姿として表されたのか。かめの体や動きから見て考えてみましょう。

■頭と尻尾が同じ高さ

低姿勢のスタイルで頭を低く、心を低くもつ。

■地と同じ体色

決して派手ではなく、質素で目立たないくらい地味である。ひかえめである。

■年中、地面の上をゆっくり歩く

急がず、あわてず、常にゆっくりした心で過ごす。一歩一歩着実に。

■口には歯がない

切る道具を持っていない、もっぱら丸飲みで、口答え、切り口上は言わない。

■小食である

欲が少ない、いつも腹八分目で健康的。

■無抵抗である

逆らったり、反抗したり、抵抗する心をもたない。

■二億年前から変化なし

変わらぬが誠、続いていくことが大切。

■踏んでも潰れない

堅い甲羅に覆われて、土台の役目。

重い物が乗っても平気。

■七転び八起き

何回転んでも、首を伸ばして自分で回転して元に戻る。

■皮膚が強い

内部の弱いものをカバーしている。

■鶴は千年、亀は万年

皮のおかげで
潤いと美味しさ
ありがたい
うれしい

長生きの代名詞。

■踏ん張りの強さ

女一の道具、皮つなぎの特徴。

■亀甲形は六角形

六角形は正三角形と正方形と共に、無限につながり広がる角形。

②「女一の道具」からの思案

■女一の道具とは、女性の生殖器のこと

なぜ一の道具かというと、男の道具と女の道具が二つ合わさってはじめて一つの働きをする。生殖作用も、雌雄の交接（つながり）があってはじめて子孫につながる。

■結婚は人生の一番大切な出会い

二人の仲も神様がつないでくださったも

の。

③「皮つなぎ」からの思案

■皮はみにくいものを隠すと共に、内部の弱いものを保護する役目。肉体から皮膚をはぐと、筋や血管などが現れて、とても見られた姿ではなくなってしまう。

■身体に限らず大は地球（オゾン層）から、小は細胞にいたるまで、一枚の皮に包まれている。

■心づかいも、皮のように人の醜さや弱みをカバーしてあげる優しさが大切。

④「万つなぎ」からの思案

■世界のつながり

人間は、元々親神様より生まれたものばかりで、人間から見れば親は一つで共通である。

故に世界中の人間は共通の親をもっているので、真の兄弟姉妹である。

ただ、皮膚の色が異なるだけで、本質が違うという訳ではない。このことが真に分かれば、人間お互いに親切を尽くし、深い心を使って助け合うようになる。故に親神様も、あらゆるご守護をくださるようになる。丁度つながっている皮膚が切れな

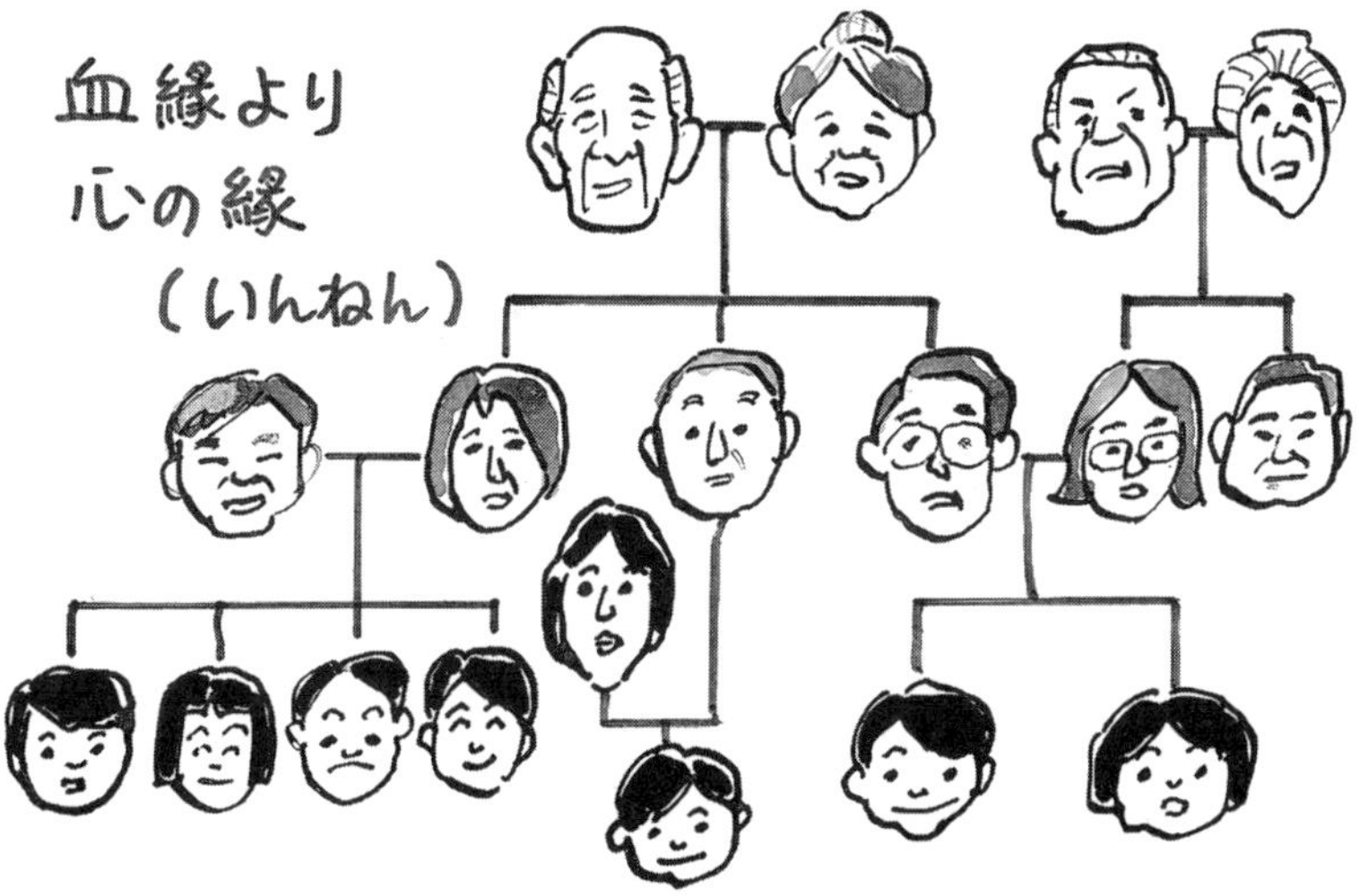

いように、切れるところも切れないようにご守護くださり、世界中の人間が、真につながり合って、世界平和が実現する。

■家族のつながり

一つ屋根の下に住み、一つ鍋のものを食べて暮らす親子兄弟、即ち家族は、一層深いいんねんのつながりをもっている。

自分と血縁のつながっているものを身内と呼び、血のつながりがなければ、他人と思う故に、舅、姑と嫁の関係が出てくる。血を分けたか分けていないかで、縁が濃いとか薄いとか思うが、舅、姑、嫁の関係は前生のいんねんを寄せて親子の縁を結んだことで、一層深いものでなければならない。血を引くとか引かないとかの問題よりも、一家親子として暮らす中には、深いつながりがあるということさえ分かれば、あとは互いに親切の尽くし合い、真の誠の尽くし合いでなければならない。

■金銭のつながり

世の中は、金銭によって満足を得ようとする人が多い。お金さえあったなら、どんなものでも買える。どこへでも行ける。どんな好きなことでも出来る。お金の力は人と物をつなぎ、人と人をつなぐ。

反対に、「金の切れ目が縁の切れ目」ともいう。

物質本位、金力万能という風潮がなおさら強くなると、その結果、お金をどうして得るかという方法に心を傾ける。普通の方法では得にくいので、不人情、義理知らずと言われても、人の心は金を得るため、誤った方向へ動いていく。「欲にきりない泥水や」と仰せられる通り、人の欲望は限りないものであり、丁度、底のない入れ物と同じである。

限りある寿命の人間が、限りある金銭物質で満たそうとするので、満足する訳がない。これほど心を「とりこ」にする金銭は、それなりの大きな価値があることも確かである。その金銭を我が身につなぐのではなく、神を通して人につなぐ方向に転換するとどうなるのであろう。

■命のつなぎ

材木でも無理な力をかけると折れてしまう。ロープでも、無理に引っ張れば切れてしまう。百十五歳と定命が定められていても、無理をすれば、寿命を縮めることもある。親神様は、「天然自然」と仰せくだされたように、時節を待ち、旬を待たなければならない。「天然というものは、野や山に出来た実りものと同じように、いつとはなしに大きくなり、色づけば甘みも出て、他から色づけに行ったものはないけれど、いつ色付いたぞぃなぁというのも天然ともいう」と先人は仰せられる。色が付くほど甘みが出てくる。甘みが出るほど色が付いてくる。そのように時間が経って出来たものに無理はない。

無理せず「たんのう」して旬を待てば、思うことが叶い、生命が長くなる。

「天然自然の道は、長らえて長く通る事が、天然自然と言う」（おさしづ明治21・8・17）。

■何でも背中で受ける人に

どろ海のお姿はかめと教えられる。かめは、いいことでも悪いことでも一切背中で

受ける。そして辛抱強く黙々と歩く。相手に頭や足を突かれたら、引っ込めて縮《ちぢ》こまります。そして、相手の心が溶けるまで待つ。相手に、逆らわないところに勝利が見えてくる。

■「阿呆は神の望み」

昔、教祖に、目の見えないところをたすけられた方で、増井りんという方がおられた。ある日のこと、増井りんさんは、教祖に「神様、私は阿呆な者でございます」と申し上げると、教祖は、「さようかえ、お前はあほうかえ、あほうは神の望みとおっしゃるで。利口な者はつけんで。小便かけられたら、ぬくい雨が降ってきた、と思うのやで。頭はられたら、あなたの手は痛うございませんかと、その人の手をなでる心になるのやで」と仰せくださった。

■つなぐ心を強く深くしていくと、こんな人に特効薬。癌、皮膚病、性病、縁の薄い人、金銭に困る人。

○癌

語り部爺……癌細胞は誰にでもあるのだと聞いたことがある。正常細胞が癌細胞より強力な時は、その症状はないが、ある線を越えた時に症状が現れるのじゃろうな。

体外を覆う皮膚、体内を覆う皮膚（内臓）に発症する癌が特に多いのぉ。まさに「くにさづちのみこと」のお働きより思案するところが多いのじゃよ。皮膚はきれいに繋がっていること。そして内側にあるものを守っているのが皮膚の役目じゃ。低いやさしい心を親神様はお待ち望みである。昔の人は「癌は頑固」と言われるのも一理あるのぉ。つまり「月よみのみこと」のお働きであるつっぱる心が強すぎるのじゃよ。暖かいやさしい心こそ癌の特効薬じゃよ。

■「たんのう」はつなぐ理

大雪の日の竹の姿を見ると、竹は雪で押さえられても手向かいしないで折れてしまいそうになるが、じっと耐えて雪が少なくなるとまた、元の通りに立ち上がる。竹の中は空っぽである。つまり、腹の中に何もないということで、「うらみ」も「腹立ち」もなしに押さえつけられていて、逆らわず、静かに雪解けを待ち、やがて夢みたいに元通りに立ち上がる。こういう心づかいがつなぎの心である。

■心のつなぎ

つなぐ心とは「たんのう」という心づかいであり、「よろこぶ」「すなお」「低い」「やさしい」心でもある。

「よろこぶ」とは今の与え、成ってきた姿をありがたいと喜ぶ心。

「すなお」とは、親の言いなりにしてもらう心。

「低い」とは、何でもさせてもらう心。

「やさしい」とは、何でもハイという心。

■ことばのつなぎ

やさしい言葉を人にかけることで、これを「愛想」という。

■身のつなぎ
人のために自分の体を使うことを惜しまない行動である。

◇月よみのみこと

■人間身の内の男一の道具、骨つっぱり、世界では万つっぱりの守護の理

●こふき本（十六年本　神の古記）には、「月よみの命様わ、此の神は、天にてわはんぐんせ（破軍星）にて、おとこ神なり。御すかたわしちほことゆう（御姿はしゃちほこという）」とあります。

☆月よみのみことから思案するキーワード

① どろ海では、しゃち（鯱）のお姿

② 骨つっぱり

③　男一の道具
④　万つっぱり（立つ）
⑤　方角は乾（北西）
⑥　神名の順序　４番目
では、一つずつ紐解いてみましょう。

①「しゃち」からの思案
親神様は何故、「月よみのみこと」を「しゃち」の姿として表されたのか。しゃちの体や動きから見て考えてみましょう。

■国語辞典によると
・しゃち［鯱］は、まいるか科の海獣。背びれは直立し、するどい歯があって、くじらなどを襲う「さかまた」「しゃちほこ」の略。
・しゃちほこは、想像上の魚。頭は虎に

似て、背中にとげがあり、背をそらして、尾を上にはね上げる。しゃちほこの形を金属などで作り、城や宮殿の棟の両端につけて飾り物としたもの。

■背びれの大きさはスピードと関係があり、それを動かすことによって、時速六十キロで広い海を駆け巡ることができる。そして、十メートルぐらいのジャンプもできる。

■知能指数は人間を上回るほど高く、音波のような音を出して、仲間同士、話すことができる。

■キラーホエール（鯨殺し）との異名をとるだけあって、一度ねらった獲物はお互いに連絡をとって、断食をしてでも、何十頭もの大群でたちまち追いつめて目的を達成する。

最後までやりぬく意志と、そのための勢いこそ、月よみのみことのお働き。

■全てものごとを一貫して押し通す力。貫通力、突進力のご守護。

■障害となる様々な事を乗り切っていけるだけの信念を毎日の生活の中に生かす。

また、その信念を力強く求めていこうとする心に与えられるご守護。

■親があって子がある、神があって世界がある、という順序を立てる。

大切なものを先に立てるという態度や行いが、自分自身を結構に立てていく、という

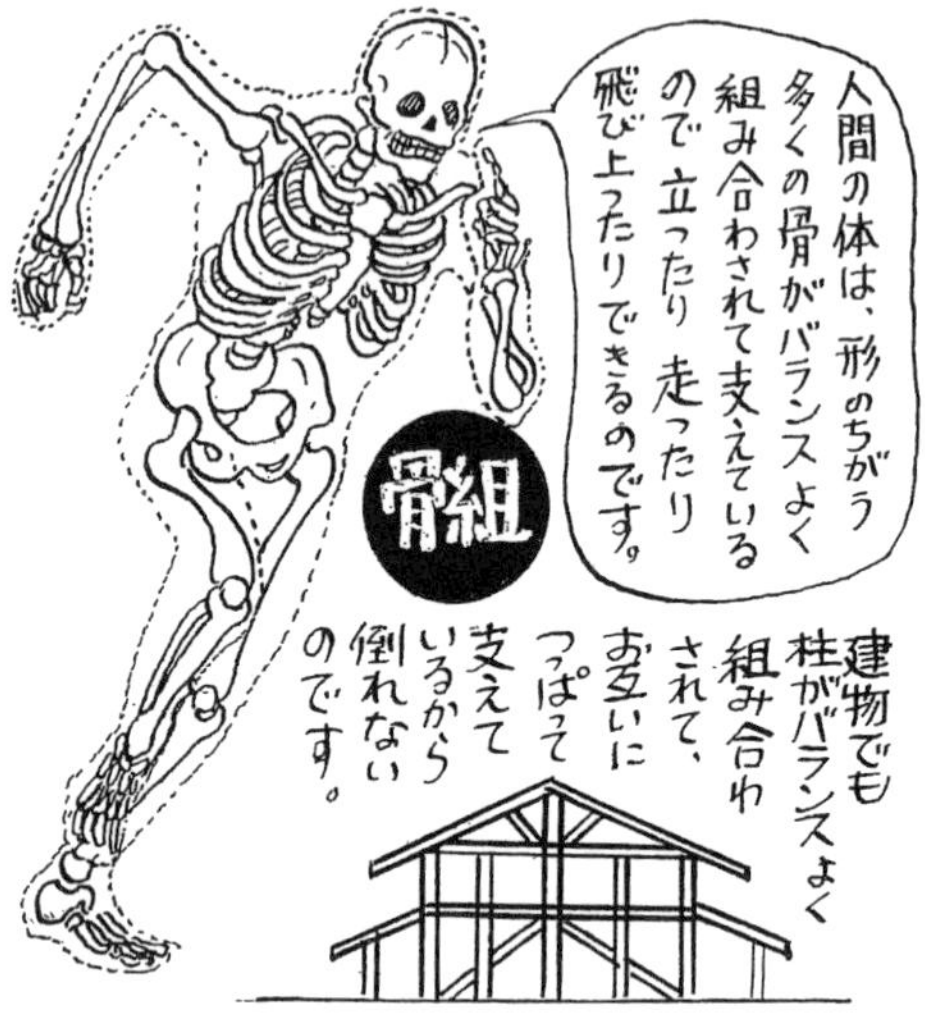

道理を知るべきである。これを順序の理という。

■岩を砕くには、削岩機の突先が鋭く尖《とが》っているかが大切。
または、先が丸い時は、勢いをつけるということである。

■しゃちも常時暴れまわっているわけではない。普段は大変穏やかで、時に応じ、事に当たって敢然《かんぜん》として立ち向かっていく。

②「骨」からの思案

■「月よみのみこと」のお働きのおかげで、人間は立ったり座ったり、寝たり起きたりできる。このご守護がなくなれば、骨抜き同然で、タコのようにグニャグニャになり、生活はできない。どんな小さな草木一本にしても、折れずに立って伸びてゆくのもこの働きである。

コマでも勢いよく回せば、一本足で立って回る。男性はこの働きに目覚めて、元気よく家庭の柱となって、家族を支えていかなければならない。

■人間の体は、形の違う多くの骨がバランスよく組み合わさって、支えられているので、立ったり、走ったり、飛び越えたりできる。

■建物でも、柱がバランスよく組み合わされて、お互いに突っ張って、支えているから倒れない。

■人間は何事をするにしても、その仕事を完全に仕上げるためには意志が強固でなければならない。仕事が大きければ大きいほど、意志の強固さを要する。支え踏ん張る力と根気が必要となる。強固な意志は信念に基づく。信仰は信念を強くする。

意志はよく「骨」にたとえられ、

「骨のある人」とは、意志の強い人を言い、

「骨のない人」とは、意志の弱い人を言う。

しかし一方、「骨張る」とは「頑固」「片意地」ということにもなる。負けず嫌いであっ

たり、我意を立てたりせず「伸縮自在」でなければならない。
■骨髄の中では、血液（白血球、赤血球、血小板など）が作られる。骨は人間の体に動きを与える。血は体のエネルギー源である。そして体内に栄養を運ぶ。支え突っ張る働きの中に、生命のエネルギーが造成される。
■人を支え、強い意志と根気強い心を深めると、こんな病気や怪我に特効薬。
骨膜炎、椎間板ヘルニア、脱臼、性病、関節炎、脊椎カリエス、骨折、捻挫、骨肉腫。
③「男一の道具」からの思案
■男一の道具とは、男性の生殖器のこと。
なぜ一の道具かというと、男の道具と女の道具が二つ合わさって、初めて一つの働きをするから。

男の生殖器も突っ張る、つまり立つことによって初めて役に立ち、子孫繁栄につながっていく。かといって、いつでも暴れん坊では困ったもので、普段は穏やかで、ここ一番という時が大切。
■男は普段は冷静であっても、時に当たっては「いの一番」に敢然と立ち上がる心意気がなくてはならない。

「元の理」の話の中で、親神様はしゃちを乾（北西）の方角から引き寄せられた。「いの一番」は建築の時、大工の棟梁が柱を立てる位置を決める符丁。立柱式はこの位置に柱を立てる。

何事も最初に役に立つのが、男の本性。

④「立つ」からの思案

■人間は骨が無ければ「立つ」こともできない。
また、男一の道具も「立つ」ことによって子孫繁栄につながる。

人間にとって「立つ」ということはとても重要なことである。
■「立てる」ということは、倒れているものを起こすことであるが、権威、面目地位を保つという意味がある。
物事を成し遂げるという意味もある。

「理を立てる」という言葉がある。「理」とは神の働きであり、摂理である。その他に「親を立てる」「人を立てる」「順序を立てる」、また「理を立てて、身が立つ」ともいう。

つまり「立てる」とは「第一にする」「一番にする」「大切にする」「重く受け取る」「順

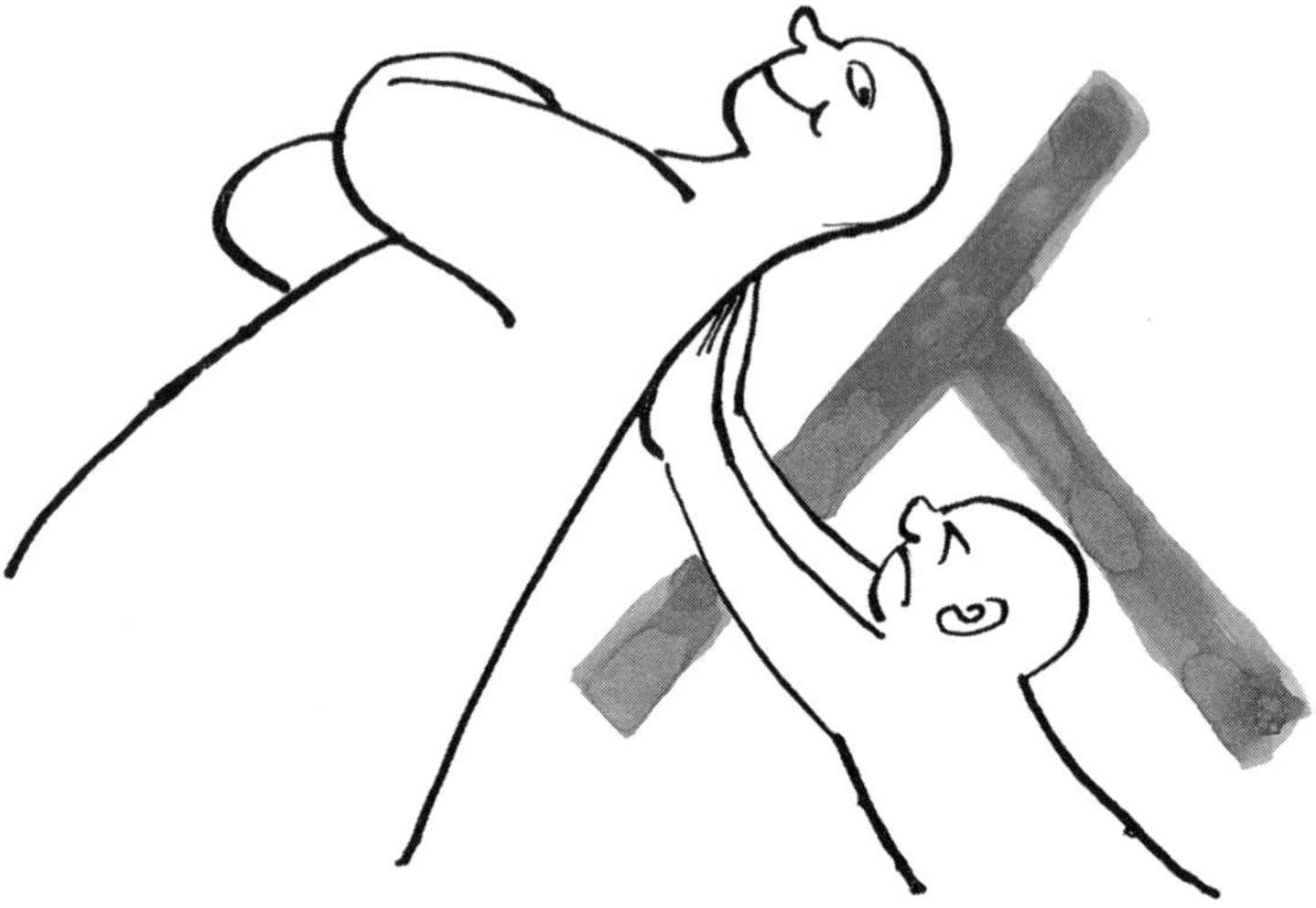

調に物事が運ぶ裏付けをする。土台をつくる。理由をつくる」という意味が含まれている。

■「人を立てたら、我が身立つ」

教祖は「商売人なら高う買うて安う売りなされや」と仰せになった。常識では「安う買うて高う売ったほうが、利益は多いはずだが……」と考える。そのわけは次のようなことである。

「問屋から品物を仕入れる時には、比較的高う買うてやると問屋は喜ぶ。それを今度はお客さんに比較的安う売ってあげる。すると、問屋も立ち、お客も喜ぶ。その理で自分の店も立つ」。つまり、共に栄える理である。

■教祖は「人間の義理を病んで、神の道を潰すは道であろうまい。人間の理を立ていでも、神の道を立てるは道であろう。さあ神の理を潰して人間の理を立てるか、人間の理を立てず神の理を立てるか、これ二つ一つの返答せよ」と厳しくお話しくだされたことがある。

何よりも神の理が第一で、それを立てることにより、人間が立っていける。

◇くもよみのみこと

■人間身の内の飲み食い出入り、世界では水気上げ下げの守護の理

人間の体には、生きていくために食べ物を口からいただき、喉、食道、胃、腸、肛門などを通り、栄養を吸収し、やがて排泄されていく働きがあります。また、世界を見渡したとき、天から雨を授かり、降り注いだ水分が地面に落ち、地中に吸収されたり、地表を流れたり、また蒸発をして、空中に戻っていく水分の流れの循環があります。

これが「くもよみのみこと」の働きです。

●こふき本（十六年本　神の古記）には、「雲讀之命、神様わ、天にてわあさみよふじんのほし（朝明神星）となり。女の神にして、このすがた、うなぎなり（この姿はうなぎ

なり）」とあります。

☆くもよみのみことから思案するキーワード

①　どろ海では、うなぎのお姿

②　飲み食い出入り（消化器系）

③　水気上げ下げ（循環）

④　方角は東

⑤　神名の順序　５番目

では、一つずつ紐解いていきましょう。

①「うなぎ」からの思案

■親神様は、何故「くもよみのみこと」を「うなぎ」の姿として表わされたのか、うなぎの体や動きから見てみましょう。

うなぎはヌルヌルとぬめりが強く、到底手ではつかむことができないくらいです。魚籠《びく》に入れておいたら、頭からでも尻尾からでも出てしまうほど、出入りの上手な魚なのです。

また、海にでも川にでも池にでも居る魚で、早春の二月から四月の海岸河口には、

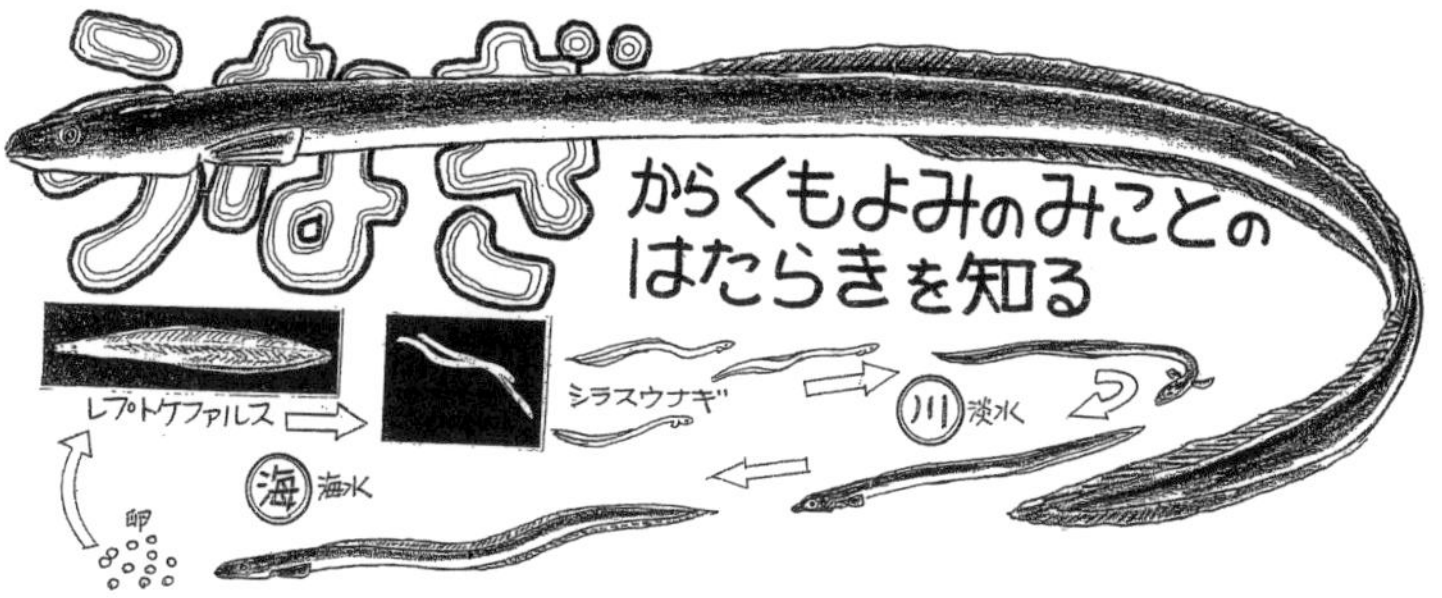

無数の稚魚が上ってきます。南の深海で産卵し、海流にのって河口にやってくるのだろうと言われています。稚魚が河口でシラスウナギに変態し、川に上るのですが、ある学者の研究では、雄にも雌にも変態し、川を上って山の中の池まで行くのは皆、雌のうなぎだということです。雌は七年から八年で成魚になり海へ下っていくそうです。つまり、うなぎは海から川へでも、川から海へでも、自由に出入りができて、海水（塩水）でも淡水でも生きられ、誠に不思議な特性を持っている魚なのです。

このうなぎを、親神様が食べてその心味わいを試して、この出入り自由の特性を、人間身の内の「飲み食い出入り」の働きにお使いになったのであろうと思われます。

■うなぎは滝を登る。

うなぎの滝の登り方は、鯉や鮭のように直接滝を登らずに、水しぶきで濡れている岩を登る。体を「く」の字にして伸縮させ百メートルぐらいの滝でも登ってしまいます。うなぎは、エラ呼吸のほか、皮膚からも必要な酸素の半分以上を取り入れることができ、濡れた地面の上を這って、池や沼に移動することができます。海で生まれて川を上ってきたうなぎが、川から離れた池や湖沼にいるのも、このような特別な能力を備えているからです。

「うなぎのぼり」と言う言葉があります。どんどんのぼっていくことです。使い方としては、

・うなぎのぼりの出世　・温度がうなぎのぼり　・物価がうなぎのぼり

があります。ここにもうなぎの特徴があります。

■うなぎは回転する

うなぎは海から川へ、川から海へと巡回する。食べものは飲んで食べ、そして出す。決して溜めることはありません。地球は一日に一回転（自転）をし、三六五日をか

けて太陽のまわりを一回転します（公転）。

水も循環します。海水は太陽に暖められ水蒸気となり、雲になり、高く上り、冷やされて雨や雪となり、川に流れ、海に戻っていきます。

「くもよみのみこと」の大切な働きの一つが「まわる」ということです。循環している流れを止めないよう、出すこと、まわすことを大切にするといいのでしょうか。回ることによって、例えば、

・まわるから続く。まわるから育つ。まわるからやり直せる。

・まわるから変わる。まわるから新しい。まわるから楽しい、というようなことに

なってくるのです。
うなぎの能力は、まさに自由自在ということです。

②「飲み食い出入り」（消化器官）からの思案

■「歯」「口腔」「舌」「あご」「食道」「胃」「腸」「肛門」

人間の消化器官は、様々な部位があり、そのそれぞれの働きのお陰で、ものが消化されて行きます。そこには、それぞれの器官の働きから親神様の思召を推察してみることができます。一つずつみてみましょう。

○「歯」

歯の主な働きは、前歯によって食べものをかみ切り、臼歯によってかみ砕くことです。またその他「言葉」の構成にも役立っています。

食べものは相当長く時間をかけて十分に味わいかみ砕くことが健康によい。神様の話もじっくりかみ砕いて味わうことが大切。かみ砕いて話すこと、伝えること、そして飲み込んだものが心の栄養となり、身上壮健に守ってもらえるのです。

○「口腔」

口腔は、上下の口唇、ほお、舌、舌下部で構成されています。口腔の働きは咀嚼《そしゃく》（かみ砕くこと）、消化、飲み込みという食べものを食べるという働きの他に、発音という働きがあります。

食べものを口に入れると唾が出てきます。唾に潤い、ぬめりがあるので、どんなものでも食べられます。唾とうなぎのぬめりは一つの理のもの。神様の話ならどんなものでも飲み込むという心に十分なぬめりを与えられるのです。飲み込みのいいことが肝心で、文句を言って吐き出しては身につきません。飲み込みのいい人になることが肝心です。

アレルギー

○「舌」
舌の表面には舌乳頭と呼ばれる小突起が密生しています。乳頭には味蕾《みらい》があるので、辛い、苦いといった感覚が生まれます。

舌は舌筋という筋肉のかたまりで、複雑な動きができます。酸いも甘いもかみ分けた人は苦労した経験のある人。味のある人。味わいのあることが大切です。無味乾燥では味気がありません。陽気ぐらしは味わいのある暮らしです。酸いも甘いもかみ分け

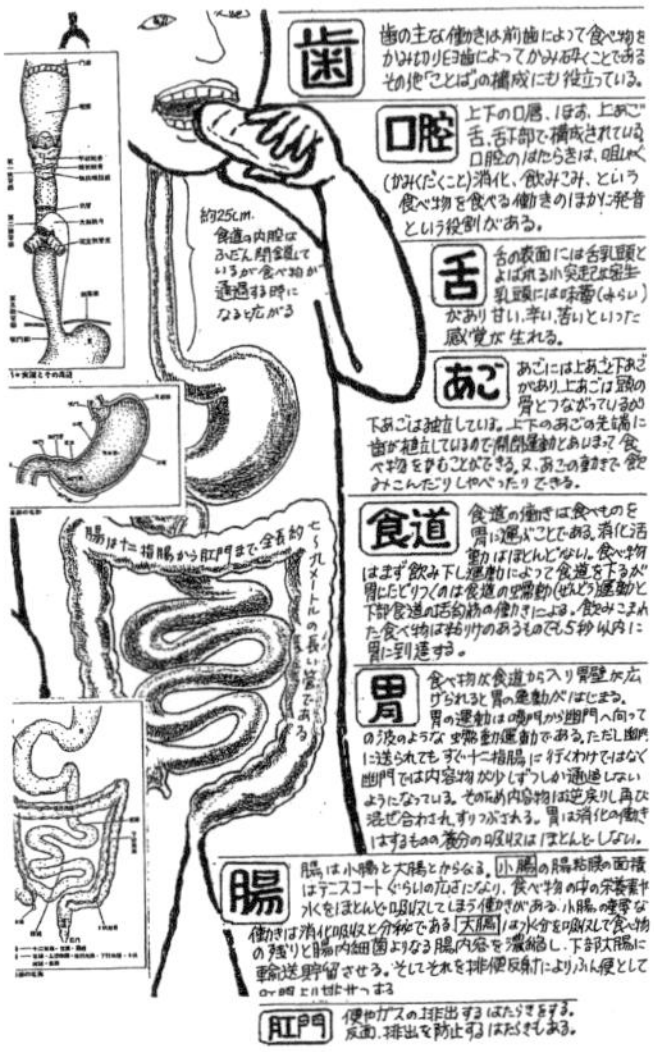

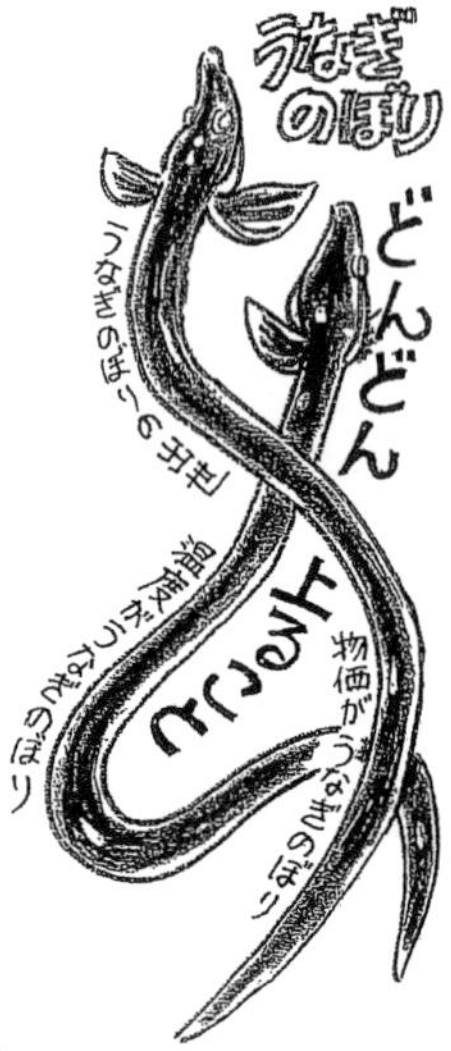

られる経験を積みたいものですね。

○「あご」

あごは上あごと下あごがあり、上あごは頭の骨とつながっていますが、下あごは独立しています。上下のあごの先端に歯が植立しているので、開閉運動と相まって食べものをかむことができます。また、あごの動きで飲み込んだり、しゃべったりできます。

上あごは動きません。下あごは動きます。上あごが親としたならば、下あごは子どもです。子どもが親に合わす時、物事はかみ砕くことができます。解決します。また、あごは頭脳を支えます。あごの力が弱いと姿勢が悪くなります。苦しく辛い時、歯を食いしばると乗り切れます。歯を食いしばるとは、あごに力をいれることです。しっかり力を入れたいものです。

○「食道」

食道の働きは食べものを胃に運ぶことです。消化活動はほとんどありません。食べものはまず飲み下しで食道を下がりますが、胃にたどり着くのは食道の蠕動《ぜんどう》運動と下部食道の括約筋の弛緩《しかん》の働きによるものです。飲み込まれた食べものは粘り気のあるものでも五秒以内に胃に到達するのです。

食道の筋肉は伸びたり縮んだりして食べものを胃に運びます。物事を進める時は締めたり緩めたりすることが必要ということです。食道には三カ所の狭窄部《きょうさくぶ》があります。栄養分はとらずに、とにかく早く運ぶことに専念するのが食道ですから、神の理を形を変えず早急に伝え運ぶことが大切ということです。途中で残せば詰まる原因となります。よく思案しなければなりません。

○「胃」

食べものが食道から入り、胃壁が広げられると胃の運動が始まります。胃の運動は噴門から幽門へ向かっての波のような蠕動運動です。ただし幽門に送られてもすぐに十二指腸へ行くわけでなく、幽門では内容物が少しずつしか通過しないようになっています。そのため内容物は逆戻りし再び混ぜ合わされてすりつぶされるのです。胃は消化の働きはするものの、養分の吸収はほとんどしません。

胃は食べものをドロドロにし、胃液でタンパク質を分解します。歯が荒切りなら、胃はすりつぶしの役目です。できるだけ細かく分解してスムースに吸収してもらうように働きます。

教祖は神の話をできるだけわかるように、かみ砕き、細かく解き分けて、私たち人間が何とか吸収できるようになるまで、あの手この手でお伝えくだされたのです。胃の働きは、まさに真心（真実）の働きなのです。

○「腸」

腸は大腸と小腸からなります。小腸の腸粘膜の面積はテニスコートぐらいの広さになり、食べものの中の栄養素や水をほとんど吸収してしまう働きがあります。小腸の重要な働きは消化吸収と分泌です。大腸は水分を吸収して、食べものの残りと腸の内面細菌により腸内容物を濃縮し、下部大腸に輸送貯留させます。そして、それを排便反射によりふん便として肛門より排泄します。

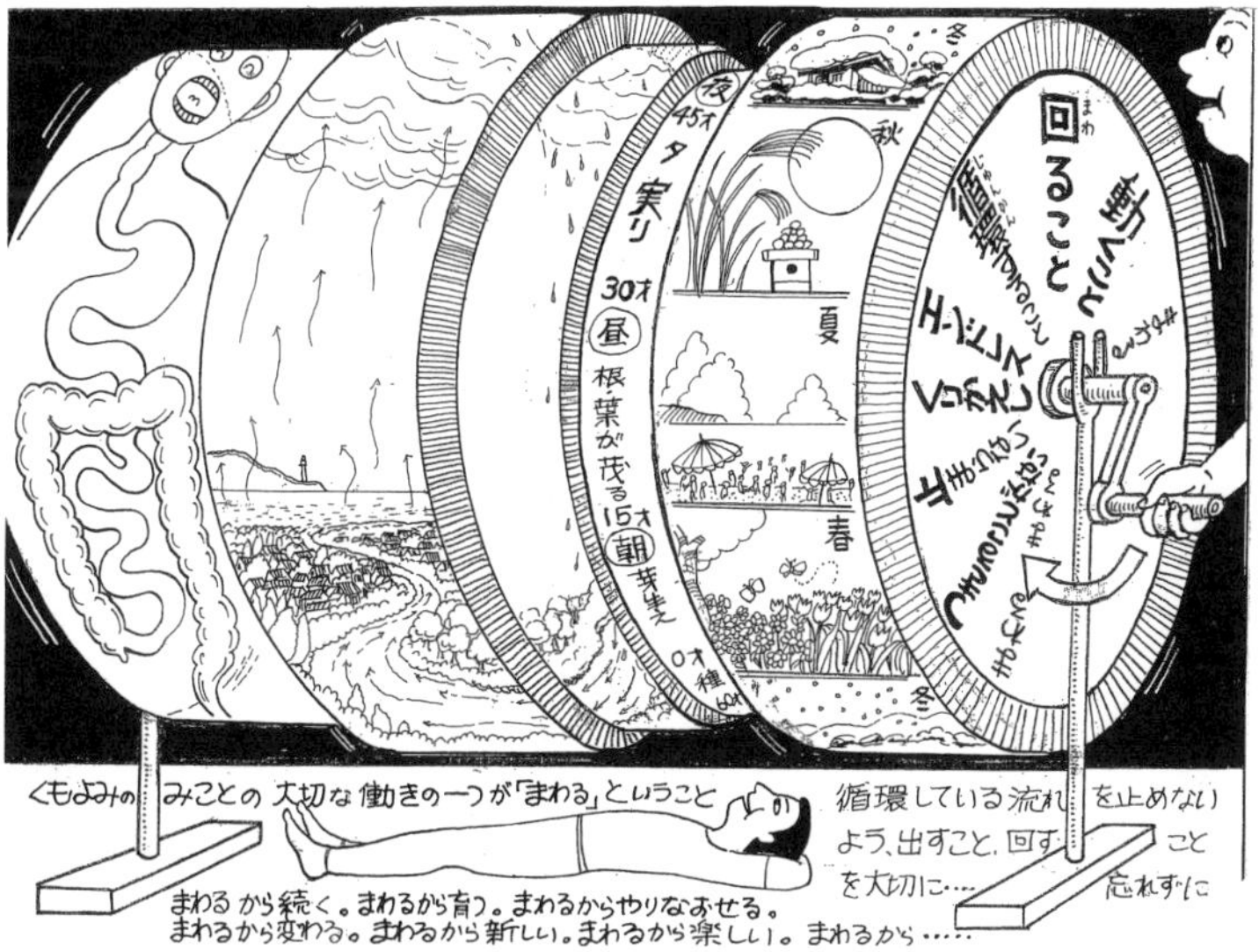

小腸で、たくさんのヒダの表面から栄養分が吸収されます。

神様のお話は、このヒダのように、多くアンテナを張って、あらゆる方面から吸収することが大切です。

大腸では、残りカスから水分を吸収し、最後の残りカスを便として体外へ出す働きをします。食べものを最後まで大切に選り分け、必要と不必要を選り分ける、見極める働きです。

○「肛門」

便とガスの排出をする働きをする。

反面、排出を防止する働きもある。

出す時と、出してはいけない時を仕分けする。

③「水気上げ下げ」（循環）からの思案

■水気上げ下げとは水分の循環のこと。つまり、海の水は太陽に暖められ水蒸気となり、天に昇り雲となって冷やされて雨や雪になり、地上に降り大地を潤わせ、川を流れ、人のためになり、また、海に戻り太陽の熱で暖められて……これを繰り返す。

■大切な働きは「回る」ということである。

「朝」→「昼」→「夜」→「朝」へ　「春」→「夏」→「秋」→「冬」→「春」へ

循環している流れを止めないよう、出すこと回すことが大切です。

◇かしこねのみこと

■人間身の内の息吹き分け、世界では風の守護の理

●こふき本（十六年本　神の古記）には、「かしこねの命、このかみ様わ、天にてわ未申のほふにあつまるほし（星）なり。おこ神（男神）にて、おんすがたわかれいとゆうなり（御姿はかれいというなり）」とあります。

☆かしこねのみことから思案するキーワード

①　どろ海では、かれいのお姿

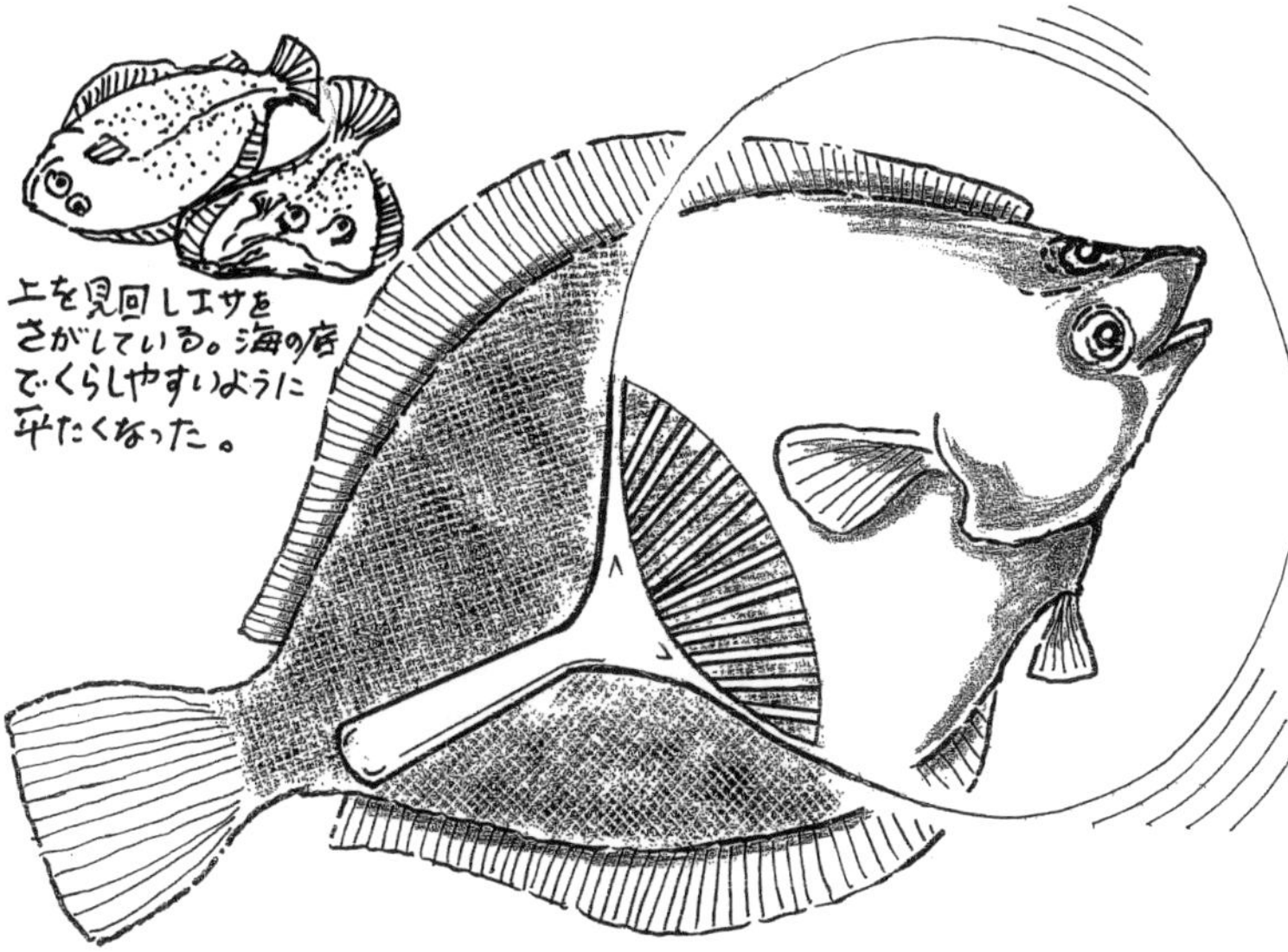
上を見回しエサを
さがしている。海の底
でくらしやすいように
平たくなった。

② 息吹き分け（呼吸器官）

③ 風

④ 方角は坤（南西）

⑤ 神名の順序は　6番目

では、一つずつ紐解いてみましょう。

①「かれい」からの思案

親神様は、何故「かしこねのみこと」を「かれい」の姿に表わされたのか、かれいの体や動きから見て考えてみましょう。

かれいは、あっさりした味でおいしい。腹は白くて背中は黒く、姿はヒラヒラ平べったい。ちょうど、うちわを海に投げ込んだようなもの。かれい、ひらめの仲間は、卵からかえった時は、ふつうの魚と同じように頭の両側に一つずつ目がつ

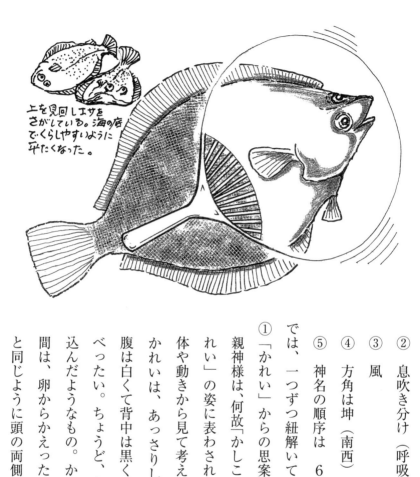

いているが、大きくなるにつれて、一方の目が頭の上をまわって、もう一方の目に近づいていく。頭の方から見て左の方に寄っているのがひらめで、右に寄っているのがかれいである（左ひらめ、右かれいと言われている）。

かれいは、目の下の石や砂を見て、また、模様を見て自分の体の色や模様を変えて姿をかくし、身を守ったり、エサをとったりする。海の底で、暮らしやすいように、平たくなり、上を見回してエサを探す。エサがその上を通ると、ヒラヒラ舞い上がり、パクッとエサを食べる。

②「息吹き分け」（呼吸器官）からの思案

息吹き分けとは、呼吸器官のことです。明治27年3月18日のおさしづには、

「蝶や花のようと言うて育てる中、蝶や花と言うも息一筋が蝶や花である。これより一つの理は無い程に」

息一筋とは、生命があるということ。息は体内への空気の出入り。

■鼻の働き

呼吸は口からも出来るが、鼻を通して行うのが最も自然である。ことに鼻は、吸う息に対し、加温作用と加湿作用を及ぼすという重要な役目がある。冷たい外気を暖め、

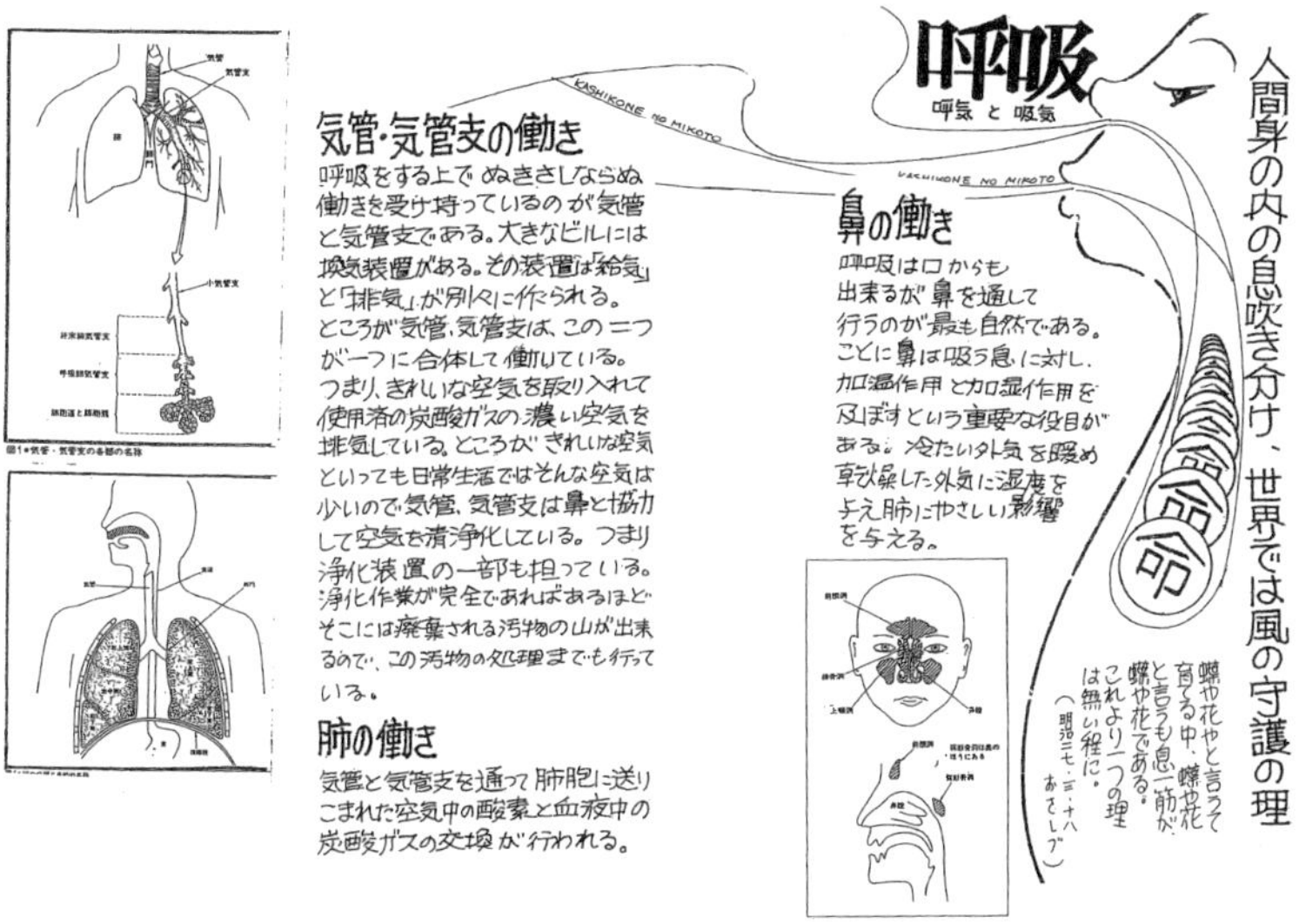

乾燥した外気に湿度を与え、肺にやさしい影響を与える。

■気管・気管支の働き

呼吸をする上で、抜き差しならぬ働きを受け持っているのが気管と気管支である。大きなビルには換気装置がある。その装置は、「吸気」「排気」が別々に作られる。ところが、気管・気管支は、この二つが一つに合体して働いている。つまり、きれいな空気を取り入れて、使用済みの炭酸ガスの濃い空気を排気している。ところが、きれいな空気といっても、日常生活では、そんな空気は少ないので、気管・気管支は鼻と協力して、空気を清浄化している。浄化作用が完全であればあるほど、そこには廃棄される汚物の山が出来るので、この汚物の処理までも行っている。

■肺の働き

気管と気管支を通って肺胞に送り込まれる空気中の酸素と血液中の炭酸ガスの交換が行われる。

■胸膜（肋膜）の働き

胸膜は肺を包み、保護しているが、胸膜膣は圧が気圧より低い状態を保ち、呼吸運動による肺の膨張を助けている。

■横隔膜の働き

呼吸運動と共に上下に動き、肺の働きを助けている。

■「息」あれこれ

・息がかかる—影響・後援。
・息が合う—気持ちがピッタリ。
・息が切れる—途中で弱る。
・息の限り—一生涯。

・息を殺す—息をつめてじっとする。
・息を呑む—はっとする。
・息を吹き返す—生き返る。

息は冷暖房完備。寒い時にはハァーと温かい息で手を温め、熱いお茶を飲む時はふぅーっと冷たい息で冷やすことが出来る。

■「言葉（声）」

温かい言葉で人を喜ばすことも出来るが、冷たい言葉で人の心を刺すことも出来る。

「声は肥」とよく聞きます。私たちが声をかけるのは作物に肥をやるのと同じで、育てることになる。

強い肥をかけると枯れるのと同じく、強い声をかけるとダメになる。「肥やとて何が効くとは思うなよ　心の誠真実が効く」（おふでさき四　51・漢字は筆者）

■「息吹き分け」とは、話し合うことでもある。

■人を喜ばすことに声を使うべき。

■人をほめる声を日々使っていると、自然のうちによい声を与えていただける。

■世の中には何かというと人の心を曇らせたり、怒らせたりする言葉を使う人がいるが、こういう人はドラ声や悪声になることが多いという。気をつけましょう。

■言葉で人を生かすことも斬ることもできる。

■神様は「愛想づかしや、捨て言葉、切り口上は、おくびにも出すやないで」と仰せられている。

■形の上で人を斬ったり叩いたりする人はなくても、日常の言葉の上で人を斬ったり叩いたりする人は沢山いる。

■言葉で人を生かすとは、「あいつはバカや、アホや」と言うては、アホはアホになり、バカは尚バカになってしまう。解らん人を解らすよう、三言で解らんなら、五言十言費やして親切に教えていくと、解らん者もついには解るようになる。

一人救い上げるは、一体の神を作り上げるも同じことと言われる。「満足ほど大きい理はあるまい。満足は道の花ともいう」と聞きます。言葉一つで人を満足させるよう、つとめたい。

③「風」からの思案

■風は空気（大気）の動きである。太陽によって空気が暖められると、空気が軽くなって、どんどん上へ昇る。

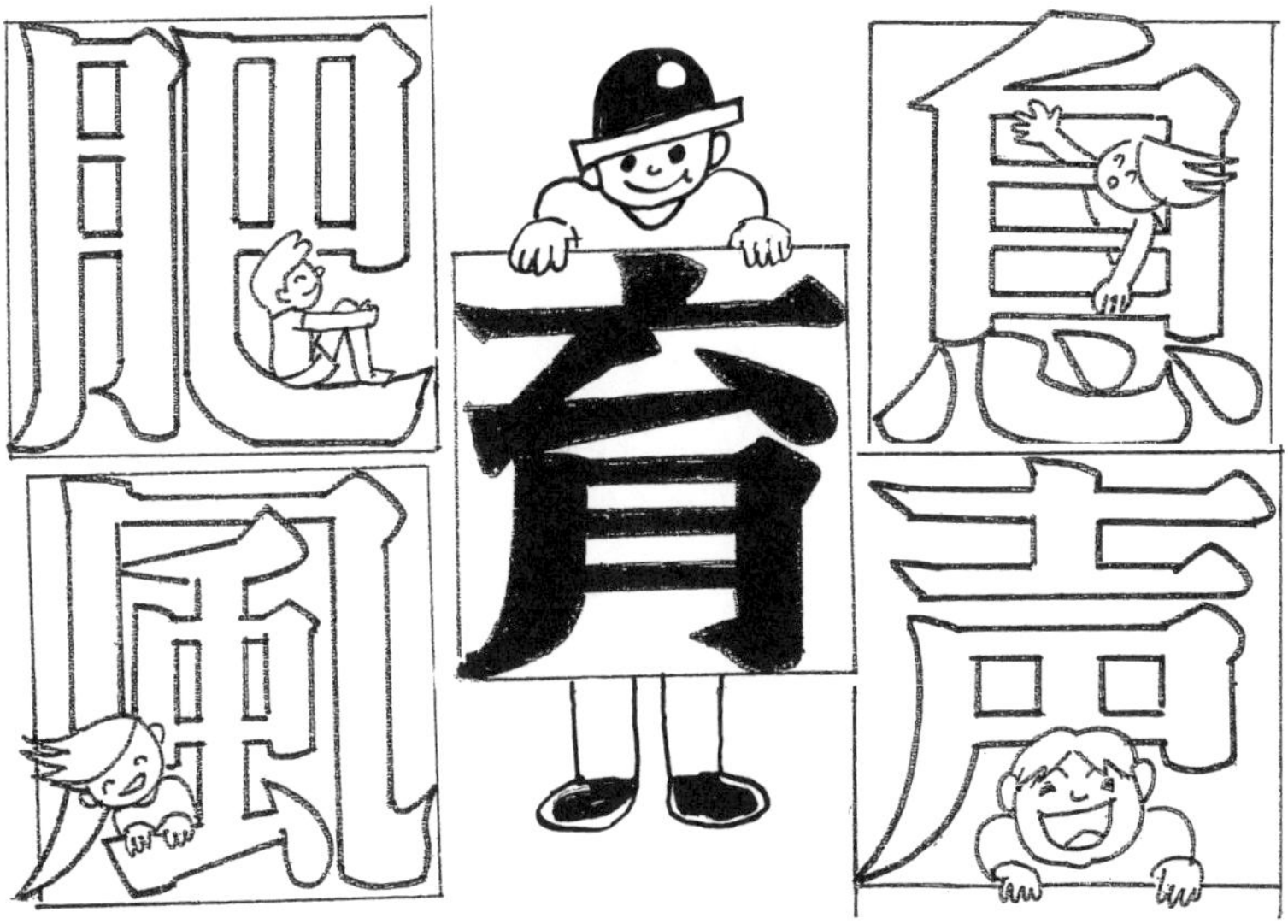

すると、このすき間をうめるために、冷たい空気が流れ込んでくる。これが風である。
風が止まると息苦しく、ものは腐り、虫がわくとも言われる。家も閉め切っていると、はやく傷む。
風通しをよくすると良いという。農作物も風が通ればよく育つ。心地よく空気が動くところに生命が持続し、育成する源がある。言葉も心地よく出た時に人の心も落ち着き育っていく。
■言葉には、やさしい言葉や暴言があるように、風にもいろいろな風がある。そよ風、北風、大風、すきま風、追い風、突風、向かい風、台風、波風立つのはいやなもの。
やっぱり一番いい風は、春風そよそよ、そよ風が、やさしく、うれしく、やわらかい。
荒く冷たい言葉はやめて、そよ風吹くように話しましょう。
○そよ風
・一年中ほとんどそよ風。
・物がすくすく育つ風。
・そよ風のような言葉は人を勇ます、喜ばせる、楽しませる、安心させる、人を育てる。
○北風
・寒い時に吹く風。
・冷たい言葉、むごい言葉。
・むごい言葉を出す時は「たすけ心」で。
・むごい言葉を聞く時は「我身ひきしめ」の心で。
○大風
・一年に十日ほどは吹く。
・始終なら、破壊と破滅を招く。

・暴言、大声。
・たまには惰性とマンネリが消え、清々しさが戻る。
○梅雨《つゆ》風
・湿気とカビを呼ぶ風。
・年に一カ月か、月に三日。
・女の愚痴風。
・愚痴を聞いてあげると、相手はさっぱりする。
・梅雨の次にくるカラッとした、夏に向かう風。
○その他の風
・先生風に社長風、親分風、親風は鼻につく。
・鼻風ひいては情けない。
○風に舞うのは葉っぱです
■木からヒラヒラ落ちる「は」〔葉〕
■海中でひらひらと泳ぐのは「かれい」〔鰈〕
■花から花へヒラヒラ飛ぶ「ちょう」〔蝶〕

■ペラペラと話すのを「しゃべる」［喋］

・よくみると［枼］が共通。

◇たいしよく天のみこと

■出産の時、親と子の胎縁を切り、出直しの時、息を引きとる世話、世界では切ること一切の守護の理

●こふき本（十六年本　神の古記）には、「たいしよくでんのみことわ、この神様わ、天にてわうしとら（艮）の方にるあつまるほしなり。女神にして、おんすがたふくとゆううをなり（御姿はふぐという魚なり）」とあります。

☆たいしよく天のみことの働きから思案するキーワード

①　どろ海では、ふぐのお姿

②　出産の時、親と子の胎縁を切る（出産）

③　出直しの時、息を引きとる世話（出直し）

④　切ること一切

⑤　方角は艮（北東）

⑥　神名の順序は　7番目

では、一つずつ紐解いてみましょう。

①「ふぐ」からの思案

親神様は、何故「たいしょく天のみこと」を「ふぐ」の姿として表されたのか。ふぐの体や動きから見て、考えてみましょう。

■体の特徴

・体は卵型。
・鱗《うろこ》が無い（あっても変わった鱗）。
・口が小さい。
・鋭い歯がある（カミソリのような一枚刃）。
・目にはまぶたがある。
・体には毒がある。

■ふぐの毒（テトロドトキシン）

人間の筋肉を麻痺させ、呼吸中枢が抑制されて、呼吸困難を起こして窒息死することがある。

食用のふぐの毒は内臓、殊に卵巣、肝臓、腸などにあって、他のところはどこを食べてもまず心配はない。

一番強い毒は、春の産卵期の卵巣で、それも卵巣の先端部分が強烈な毒をもっていて、それは青酸カリの数百倍。

■食べるとよく当たるので、鉄砲に例えられる

ふぐの刺身を「鉄さ」。

ふぐのチリ鍋を「鉄チリ」。

■ふぐはマンドリンのように脹れている（ふくれているので、ふぐという）

人間も私腹を肥やし大食していると、生命まで切れてしまう。

■ふぐを「河豚」と書くのは、中国の黄河や揚子江を千キロメートルも上流まで産卵に上る姿を上から見ると、如何にも豚が河を上るように見えるからだという。

②「出産の時、親と子の胎縁を切る」（出産）

切れることはありがたい。切れてつながるご守護。

■へその緒の不思議

へその緒の働きは、胎児の身体に必要な酸素や栄養を母体から送り、不要なものを返すパイプの役目。へその緒の切り方は、赤ちゃんに近い方をしぼり、次に母親に近い方を止血してその間をハサミで切る。赤ちゃんが「オギャー」と泣いたときから肺で呼吸が始まり、へその緒に通っていた血がだんだん自分の肺に向かい母親から独立していく。

母体と胎児をつなぐへその緒がその役目を終えるのと、赤ちゃんが自分の肺を使って呼吸を始めるタイミングが見事にかみ合う。

■親と子の胎縁が切れるから子どもは一人の人間として育つ。

■種は芽はら（種衣《しゅい》）を切って芽吹く。

■思い切ることにより次の運命が開く。

■時を仕切ることにより物事が完成する。

■切ることにより分けられて、数が増え、形を整えられる。

■根の切り方一つで植木は生きもし枯れもする。

■悪いんねんを切っていただき、良いいんねんと切り替える。

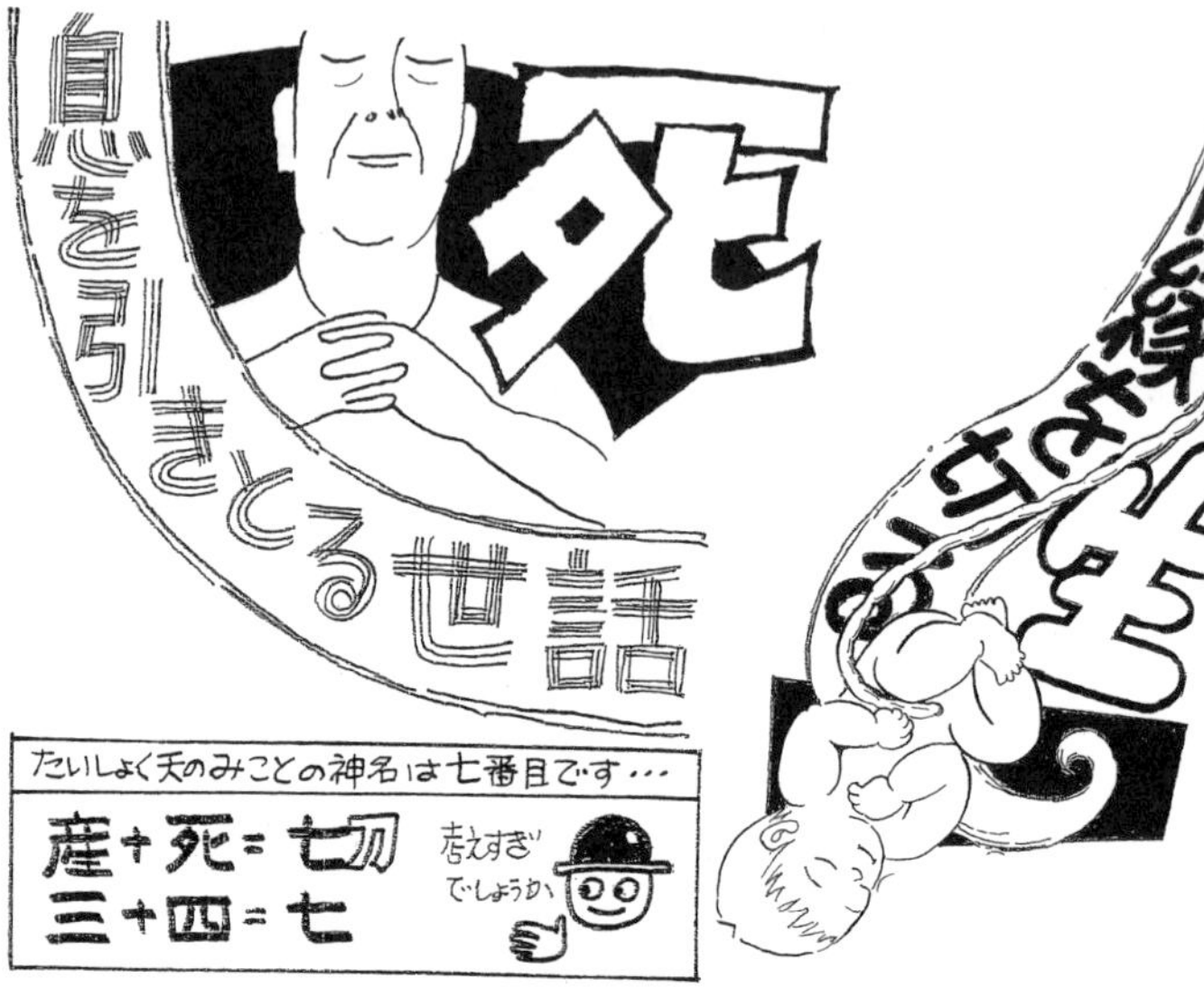

③「死」（出直し）からの思案

■天理教では「死ぬ」ことを「出直し」という。

人間はこの肉体が死んでしまえば、それで終わりかというと、肉体は死んでも魂というものは決して滅するものではない。

息が切れたら、その人の魂は親神様が大事に抱きかかえて、また旬が来たら新しい肉体を貸し与えてこの世に生まれ出させてくださる。

人間は地獄へ行くのでもなければ、極楽へ行くのでもない。魂は親神の懐《ふところ》に抱かれて、また新しい体を借りてくるのである。

それは丁度、古い着物を脱ぎ捨てて、また新しい着物に着せ替えてもらうのと同じである。

人間は一回限りではなく、生まれ更《かわ》ってくるのだから、この世の中でしてきた全てのことは、やはり末代その責任は自分が負うていかなければならない。また、息が切れるから、生まれてくるのである。

■呼吸のつく息（吸う息）、引く息（はく息）の引く息の時、死ぬ。だから、「只今、息をお引き取りになりました」という。

この「つく息・引く息」とは、親神様が突いたり引いたりしてくださることを言い、「引く息」とは、親神様が引いてくださるので、人間の側《がわ》からすると、出ていく息、すなわち「はく息」のことである。出直しの時も誕生の時も、海は満ち潮である。

④「切ること一切」からの思案

■「たいしょく天のみこと」の神名は七番目。

三＋四＝七→産＋死＝切。

■切ってたすかる。

・胎縁を切って子どもは生まれる。

・最初に出るのは、根である。
・音が切れるから、リズムが生まれる。
・仕切るから、力・根性・知恵が出る。
・時間を仕切るから、物事が仕上がる。
・息が切れて出直す。
■切れてつながる
・たった一つの受精卵が細胞分裂によって体となる。
・根を切らねば、植物は移植できない。
・雲が切れ、晴れ間が広がる。
・手術が可能―切開、切断、切除。
■切れてありがたい
・道具は切れ味のよい方がよい。ようぼくは神の道具。
・見得を切る。

ことさら自分を強調し、ふん切りをつけて治める。

・心の切りかえ。

思い切ること（決断力）により、次の運命が開く。つまり、いんねんが切り変わることになる。

■もし、切れなければ

・爪や髪の毛が切れなければどうなる？

○切らなければ困る「サラ金・ヤミ金・借金」

語り部爺……知り合いの女性がパチンコにはまり、ついにはサラ金・ヤミ金に手を出し借金で困っているのじゃな。これは依存症の一つ、突っぱり（月よみのみこと）の自主、自立ということが大切。金銭も「つなぎ」とお教えくださるので「くにさづちのみこと」のお働きが重要じゃな。教祖は金銭は「二の切り」とお教えくださっているぞ。つまり生命が一番ということじゃよ。生命を捨ててまで金銭を守っている者はおらんじゃないか。しかし、二番目である値打ちは確かにある。だからこそ心まで奪われてしまうのじゃ。自分の欲望をかなえるためには金が要る。今さえよくばと借金に手を出す。「よく」と「ほしい」のほこりがのさばってくるのじゃよ。

そこでじゃ、借金せずに済むにはな、先ず今までの自分の欲を「切る」ことじゃ。そして相手に「つなぐ」（返済）こと。返済が終われば相手と切れる。自分の欲に「つないでいる」限り、自分の借金は切れないぞ。「切る」目標は我が欲の心じゃ。

◇をふとのべのみこと

■出産の時、親の胎内から子を引き出す世話、世界では引き出し一切の守護の理

●こふき本（十六年本　神の古記）には、「おふとのへの命、この神様わ、天にてわよい（宵）の明神のほし（星）なり。男神にて、おんすか（た）わくろぐつな（な）り（御姿はくろぐつなり）」とあります。

☆をふとのべのみことから思案するキーワード

①　どろ海では、くろぐつな（黒蛇）のお姿

②　親の胎内から子を引き出す

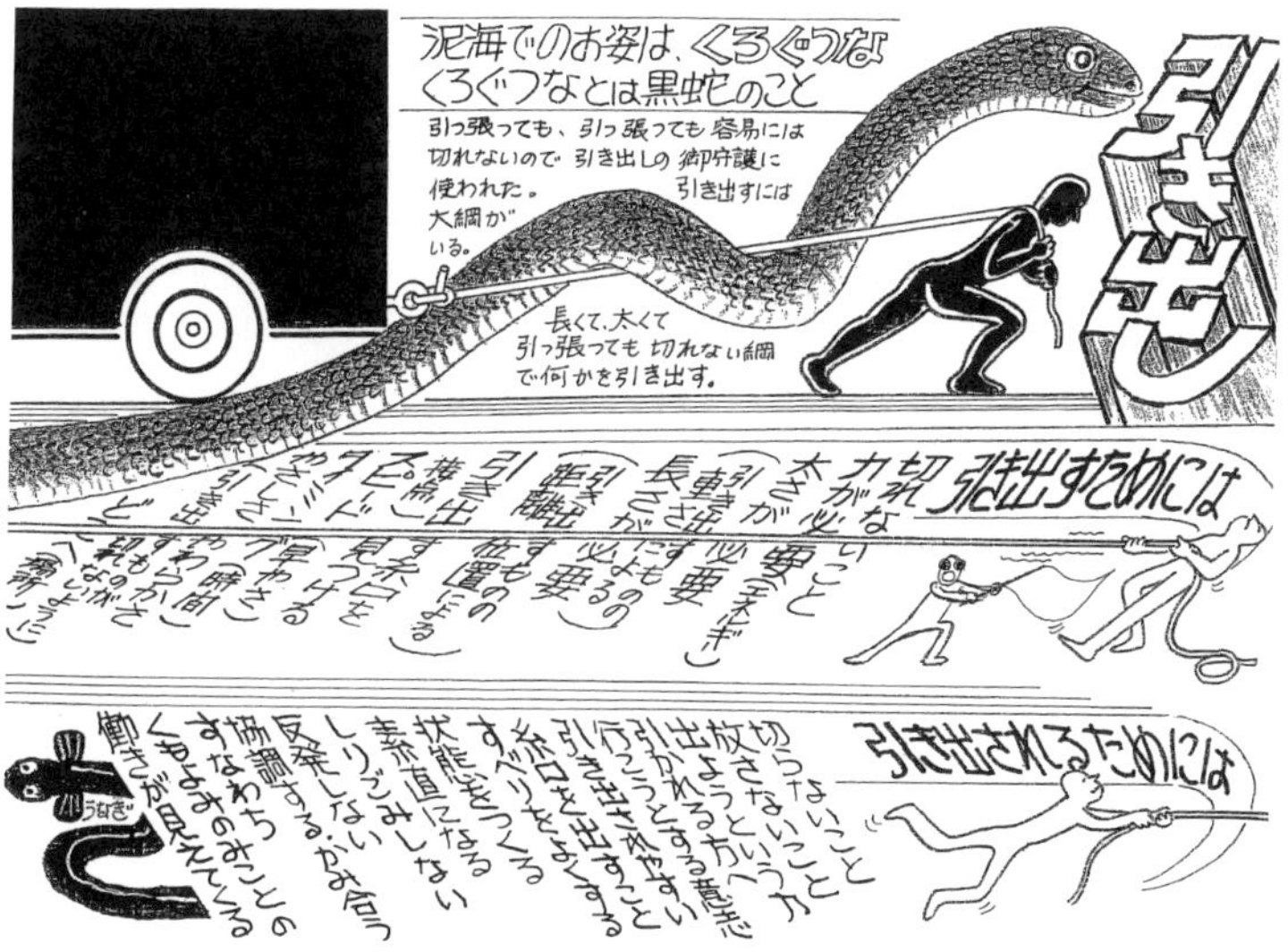

③　引き出し一切・成長

④　方角は西

⑤　神名の順序は　8番目

では、一つずつ紐解いてみましょう。

①「くろぐつな」からの思案

親神様は、何故「をふとのべのみこと」を「くろぐつな」の姿として表されたのか。くろぐつなの体や動きから見て考えてみましょう。

■「くろぐつな」は引っ張っても引っ張っても容易には切れないので、引き出しのご守護に使われました。

引き出すためには太くて長い大綱が必要です。ですから、この「くろぐつな」を引っ張り出す綱（ロープ）の役割のようにして、引き出しの道具にお使いにならられたのです。

■人間創造の時、親神様がお使いになられた細長い姿をした道具には、「くろぐつな」の他に「うなぎ」(「くもよみのみこと」の項を参照)があります。細長い生き物の特徴が、親神様の働きの方向性を表していると考えてみますと、「うなぎ」は自ら動く存在で、自由な方向を示しています。これに対して「くろぐつな」は他を引き出す役、つまり進んで他のものを助長する働きで、先に立って成長をうながす方向、自分中心ではなく、相手によって自分の方向が決まるのではないかと悟れます。

②「親の胎内から子を引き出す」(出産)からの思案

■おふでさきに、

たいないゑやどしこむのも月日なり
むまれだすのも月日せわどり　(六 131)

とあります。

胎児は、母親の子宮の中で精子と卵子が結合してできた受精卵が細胞分裂を繰り返して、だんだん成長して十月《とつき》で胎外に出て育っていけるように準備されています。ところが、胎外へ出る仕組みは、母親が外に出そうと思っても出来るわけでもなく、胎児が外に出ようと思っても出来るわけでもありません。すなわち、何らかの力をいただいて、胎外に出られるようになっているということです。

この働きこそが「をふとのべのみこと」の引き出しの力ということなのです。

■母体内の各機能は出産に都合良く変化していきます。ホルモンが分泌され、子宮が軟らかくなり、骨盤が開いてくるのです。出産に向けての準備が始まっているのです。

こうしたメカニズムは自然の営みと言っています。この自然の営みこそが「をふとのべのみこと」の「引き出し」の働きが開始されたことに外ならないのです。すなわち、引っ張る働きだけではなく、引き出すための準備、例えば、物を引き出すためにロープを巻き付ける作業が必要です。この準備も含めて、引っ張る作業ですから、出産のための胎内での様々な働きも「をふとのべのみこと」の働きということなのです。

■子を引き出す世話のメカニズム

●分娩の三要素

分娩には、次の三つの要素があります。

・胎児の能力

・産道の状態

・娩出力

すなわち、生まれてくる子ども自体の生まれようとする力と、胎外に出て行くための、通り道の状態、そして、いわゆる、いきみです。

それに加えて、母体の健康を取り巻く環境、すなわち胎内での自然の状態や、夫婦、家族などの存在です。

●出産間際の胎児

胎児はかなり骨盤の中まで下ってきます。

分娩が始まるといよいよ狭い産道にさしかかり、胎児は、頭の骨と骨の間のすきまが重なったり伸びたりして、頭の大きさを変化させます。

そして少し曲がった産道を通り抜けるには、もう一つ大切な適応力があります。それは児頭が回転しながら産道を通り抜けるということです。

●分娩後の産道

分娩時には骨盤骨のつながりはゆるみ、骨産道はいくらか広がります。軟産道もホルモンの作用でやわらかく伸びます。その上、羊水粘液が増え、胎児は通りやすくなります。

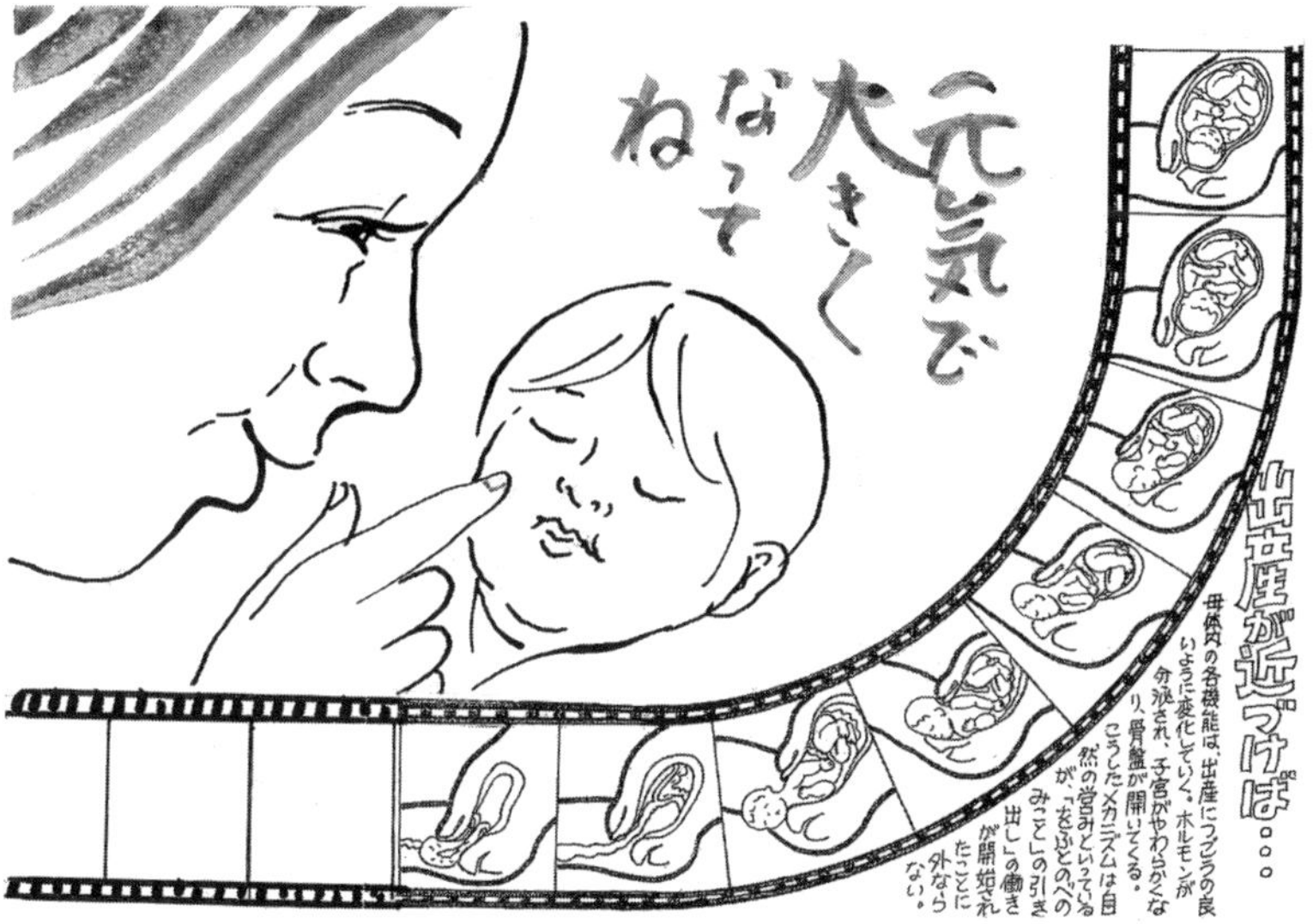

●いきみとお産

お産は妊婦の意志で進めることも止めることもできません。分娩時になると、規則的な「陣痛」がなぜ起こるのか。また子宮口が全開大になって、児頭が出口付近にくるとなぜ「いきみ」たくなるのかも、はっきりしていません。しかし、分娩はこの力がなければ成立しないことだけは、はっきりしています。

③「引き出し一切・成長」からの思案

■農作物について

おふでさきに、

それよりもをふとのべへとゆうのハな
これわりゆけの一のどふくや
（十二 144）

とあります。

「立毛」とは農作物の稔り、草木の生育、その他水産、畜産など食物の成長のことです。

地球上のいたるところで、全ての生き物は、この働きのご守護を受けています。

・田や畑で　稲の穂が伸びる。麦の穂が伸びる。野菜が育つ。果物が成熟する。

・海や河や湖で　魚、貝が大きくなる。藻が育つ。

・野や山で　樹木が育つ。花が咲く。

・牧場で　子豚が親豚になる。子牛が親牛になる。子羊が羊になる。

■才能や体力、知恵

才能や体力、知恵なども引き出されることによって、陽気ぐらしに向かって大きな働きができます。しかし、その働きが出来るようになるためには、自分自身や周りの者の精神や思いが必要です。簡単に言ってみれば、

・引き出す側には、根気よいことと力と時間が必要。

・引き出される側は、根気よく素直なこと、ということです。

もう少し具体的に考えてみましょう。

■引き出すためには

・引き出す糸口が必要（接点）。
・タイミング（時間）。
・スピード（早さ）。
・長さが必要。
・切れないこと。
・力が必要（エネルギー）。
・太さが必要。
・引き出すものが切れないように。
・どこへ（場所）引き出すか。

■引き出されるためには

・行こうとする意志。
・しりごみしない。
・糸口を出すこと。
・引き出されやすい。
（素直になる・反発しない・協調する・

かみ合う）

・放さないこと。

・切らないこと。

・すべりをよくする状態をつくる。

■引く力

・引き出す　・引き上げる　・引き下げる　・引き合い

・引き当てる　・引き綱　・引き返す　・引き締める

・引き込む　・引きこもる　・引き下る　・引きしめる

・引きずり込む　・引き回す　・引き立つ　・引き立てる

・引き付ける　・引き続く　・引きつる　・引き連れる

・引き取る　・引き止める　・引き抜く　・引き伸ばす

・引きはがす　・引きはなす　・引きはらう

・引きもきらず　・引き寄せる　・引き分ける　・引き渡す

・引き金　・引き算

一言に「引く」と言っても、その形、方法が異なります。その違いをよく理解しながら、この「引き出し」のご守護を戴くようにすることが肝心です。

■引き出すとは

・記憶
・花（つぼみ→開花）
・スピードアップ
・子から親へ（成長・成人）
・才能を引き出す
・種から発芽
・玉子→ひよこ
・卵→成虫
・発明→改良
・人類の進化
・めばえ→ふたば→あおば→わかぎ

◇いざなぎのみこと

■男雛型　種の理

いざなぎのみこととは、男の手本であり、これはすなわち、種の働きなのです。

●こふき本（十六年本　神の古記）には、「伊邪那岐の命、此神、天にて、天の川へだてにしてあらわれあるほし（星）なり。七夕様とゆう。げぎよふ、またわ、人きよ（魚）ともゆううをなり」とあります。

☆いざなぎのみことから思案するキーワード

① どろ海では、うを（岐魚）のお姿
② 男雛型
③ 種の理
④ 方角は南
⑤ 神名の順序は　9番目

「いざなぎのみこと」は、男の雛型として引き寄せられた「うを」の体内に「しゃち」の働き、すなわち男一の道具の働きを仕込んだものです。

また、「いざなぎのみこと」とは、いざいざの無いぎ（岐魚）ということと、「誘う」

種
苗代
いざなぎのみこと（男雛型《おとこひながた》・種《たね》の理《り》）
この世の元初りは
どろ海であった。
月日親神は
この混沌たる様を
味気なく思召し
人間を造り、
その陽気ぐらしを
するのを見て、
ともに楽しもうと
思いつかれた。
そこで
どろ海中を
見澄まされると
沢山のどぢょ
の中に
うをと
みとが
混っている
夫婦の雛型にしようと
先ずこれを引き寄せ
その一すじ心なるを
見澄ました上
最初に産みおろす
子数の年限が
経ったなら
宿し込みの
いんねん
ある
元のやしきに連れ帰り
神として拝をさせようと
約束し、承知をさせて
貰い受けられた。
続いて
乾（いぬい）
の方から
しゃちを
呼び寄せ
これ又承知をさせて
貰い受け、
食べてその心味を試し
その性を見定めて
男一の道具、及び
骨つっぱりの道具とし……
うをに仕込み男の雛型《ひながた》と定められた。
いざなぎのみこと とは
いざいざの無い ぎ（岐魚《ぎぎょ》）というところから
つけられたという説もある。いざいざの無《な》いとは
いざこざ言わん、文句を言わん ということ。
あれこれ文句を言う者は理の親になる資格が頂けなく
なるというように思案ができるのではなかろうか——。

というところからつけられた、という説もあります。「いざいざの無い」とは、いざこざ言わん、文句を言わんということ。あれこれ文句を言う者は、理の親になる資格が戴けないと思案ができるのではないでしょうか。

親神様は、何故「いざなぎのみこと」をうを（岐魚）の姿として表されたのか。うを（岐魚）の体や動きから見て考えてみましょう。

では、一つずつ紐解いてみましょう。

①「うを」（岐魚）からの思案（第二章3引き寄せられた生き物は……の項を参照）

②「男雛型」からの思案

■一すじ心

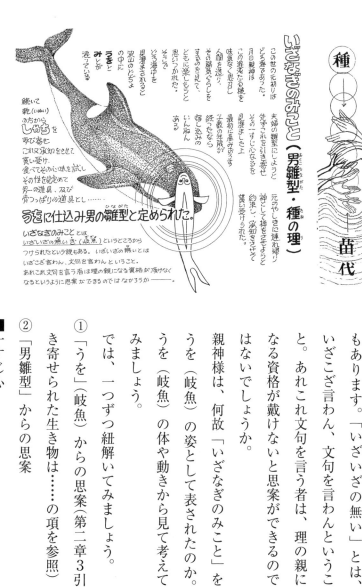

一すじ心であることを見澄まして「男雛型」としてお引き寄せになっていますので、この「一すじ心である」が本性です。
・最初の考え通り首尾一貫している。
・何ごとでもやりぬく貫徹力。

■男らしさ（男の特徴）
○男らしさの外見
・ゴツゴツしたところがある。
・見栄張りなところがある。
・変にしゃちほこばるところがある。
・荒けずりである。
・生殖器が外部についている。
○男らしさの働き
・物事を成功に導く計画力。
・水（液体・気体・固体）のように、自由に変化する。
・冷静沈着である。

・クールな考えで判断できる。

○男らしさの力

・物事を見抜く洞察力。

・指導力、イニシアティブがとれる。

・勢いがある。

・力強い動き。

・突進力が強い。

・つっぱり心が強い。

・常に働きかけるという体勢。

・いつも動的で、回遊性がある。

・自己顕示が強い。

・固さが感じられる。

○その他、男らしさの特徴

・生命力が弱く、意外ともろい。

・内的より外的な存在である。

・口を開ける、阿吽《あうん》の「阿」の相である。
・上から下へと慈悲をもたらす。

③「種」からの思案

「種」は「蒔く」ということがキーワードになります。良い種も悪い種も全ては蒔く者に返ってくるのです。それは、大きくなって返ってくるところに妙味があります。その種を蒔くことに焦点を当てて考えてみたいと思います。

■原典にみる「たね」

○「みかぐらうた」より

やしきハかみのでんぢやで
まいたるたねハみなはへる
（七下り目　八ツ）

こゝハこのよのでんぢなら
わしもしつかりたねをまこ　（七下り目　九ツ）

このたびいちれつに
ようこそたねをまきにきた
たねをまいたるそのかたハ
こえをおかずにつくりとり　（七下り目　十ド）

いつ〳〵までもこのことハ
はなしのたねになるほどに　（十下り目　五ツ）

ふうふそろうてひのきしん
これがだいゝちものだねや　（十一下り目　二ツ）

○「おふでさき」より

このどぢよなにの事やとをもている
これにんけんのたねであるそや　（四　123）

にんけんをはぢめかけたハうをとみと
これなわしろとたねにはじめて　（六　44）

○「おさしづ」（抜粋・要約）より

・種が生えるには旬が大切　（明治23・6・20）
・皆種より生えてくる。種から生える　（明治23・6・29他）
・種は埋っておくこと　（明治23・9・30）
・人の蒔いた種をあてにするな　（明治23・10・1）
・人の種を食うな　（明治23・10・1）
・人の種を腐らすな　（明治31・6・11）
・誠が種　（明治23・11・21他）
・たんのうは種　（明治24・7・21）

・種があればこそ、修理がある　（明治24・1・28他）
・楽していては種にならん　（明治24・1・28）
・難儀不自由してこそ理の種　（明治30・10・12　明治30・11・27）
・種は蒔くこと植えること　（明治24・11・16他）
・種には肥　（明治26・7・12）
・遠慮気兼ねは理の集まらん種　（明治28・5・12）
・一粒の種が幾万の理になる　（明治26・10・13）
・種を下ろしておくと、あちらで不作でも、こちら十分とれる　（明治30・5・21）
・腐る種は何もならん　（明治31・3・3）
・種は小から大になる　（明治37・12・14）
・種という理をもって話しかけ。種は元である　（明治31・9・30）
・年限の種があって理という　（明治31・10・1）
・種は選んで蒔け　（明治26・10・12）
・苦労は楽しみの種、楽しみは苦しみの種　（明治39・12・6）
・前生の種　（明治20・12・1）

○その他

・ものだね（おふでさき号外）。

・種を蒔くとは天理王の話をしてまわること（教祖伝逸話篇一三）。

■種の特徴

・種はいつ蒔くか—旬を見て蒔く（旬が肝心）

・種はどこへ蒔くか—土に蒔く、苗代に蒔く。

（蒔く場所を間違わないようにすることが肝心）

・種は何故蒔くか—次の世代に続くため。

（蒔かなければ続かない）

・種は誰が蒔くか—人が蒔く、動物が蒔く、風が蒔く。

（人間が意識して蒔く種と、人間の意識のないところで蒔かれる種がある）

・どんな種を蒔くか—ぷっちりとした（はちきれそうな）種、ほしいと思う物の種。

（良い種・楽しみの種を蒔きたい）

・種に仕掛けがある—遺伝子、情報、原因、結果の元。

（結果を決める目に見えない元が組み込まれている）

・種は芽が出る、根が生える―上にも下にも伸びる。

・ものだね―全ての元である。

・よろこびの種―楽しみの元。

・けんかの種―悲しみの元。

・話の種―材料。

・一粒種（一人っ子）―大事なもの。

・手品の種―仕掛け。

・火種（火のもと）―些細なもの。

・種下ろし。

・種付け。

・これで種切れ。

◇いざなみのみこと

■女雛型　苗代の理

　いざなみのみこととは、女の手本であり、これはすなわち、苗代の働きなのです。

●こふき本（十六年本　神の古記）には、「いざなみの命わ、この神様わ、天にてわ天のがわへて（隔て）にしていてる七夕様とゆうほし（星）なり。女神にて、おんすかたわ白くつななり」とあります。

☆いざなみのみことから思案するキーワード

① どろ海では、み（白ぐつな）のお姿

② 女雛型

③ 苗代の理

④ 方角は北

⑤ 神名の順序は　10番目

「いざなみのみこと」は、「み」に「かめ」の働きを仕込んだものです。

「いざなみのみこと」とは、いざいざの無いみ（白蛇）というところからつけられた、という説もあります。

「いざいざの無い」とは、いざこざ言わん、文句を言わんということ。素直な心が親の心に添うと思案できるのではないでしょうか。

では、一つずつ紐解いてみましょう。

親神様は、何故「いざなみのみこと」をみ（白ぐつな）の姿として表されたのか。みの体や動きから見て考えてみましょう。

①「白ぐつな」からの思案（第二章　3．引き寄せられた生き物は…の項を参照）

②「女雛型」からの思案

■一すじ心

いざなぎのみことと同様に、一すじ心であることを見澄まして「女雛型」としてお引き寄せになっていますので、いざなみのみことも、この「一すじ心である」が本性です。

■女らしさ（女の特徴）とは

○女らしさの外見

・目立つことなく地味。
・文句を言わない。
・刃向かうことがない。
・相手を立てる。
・素直であること。
・情熱的、感情的な性格。

○女らしさの働き

・ねばり強くことに当たる。
・細やかな気配りができる。
・いつまでも続く持続力。
・やわらかく包み込む包容力。
・相手を燃え上がらせる。

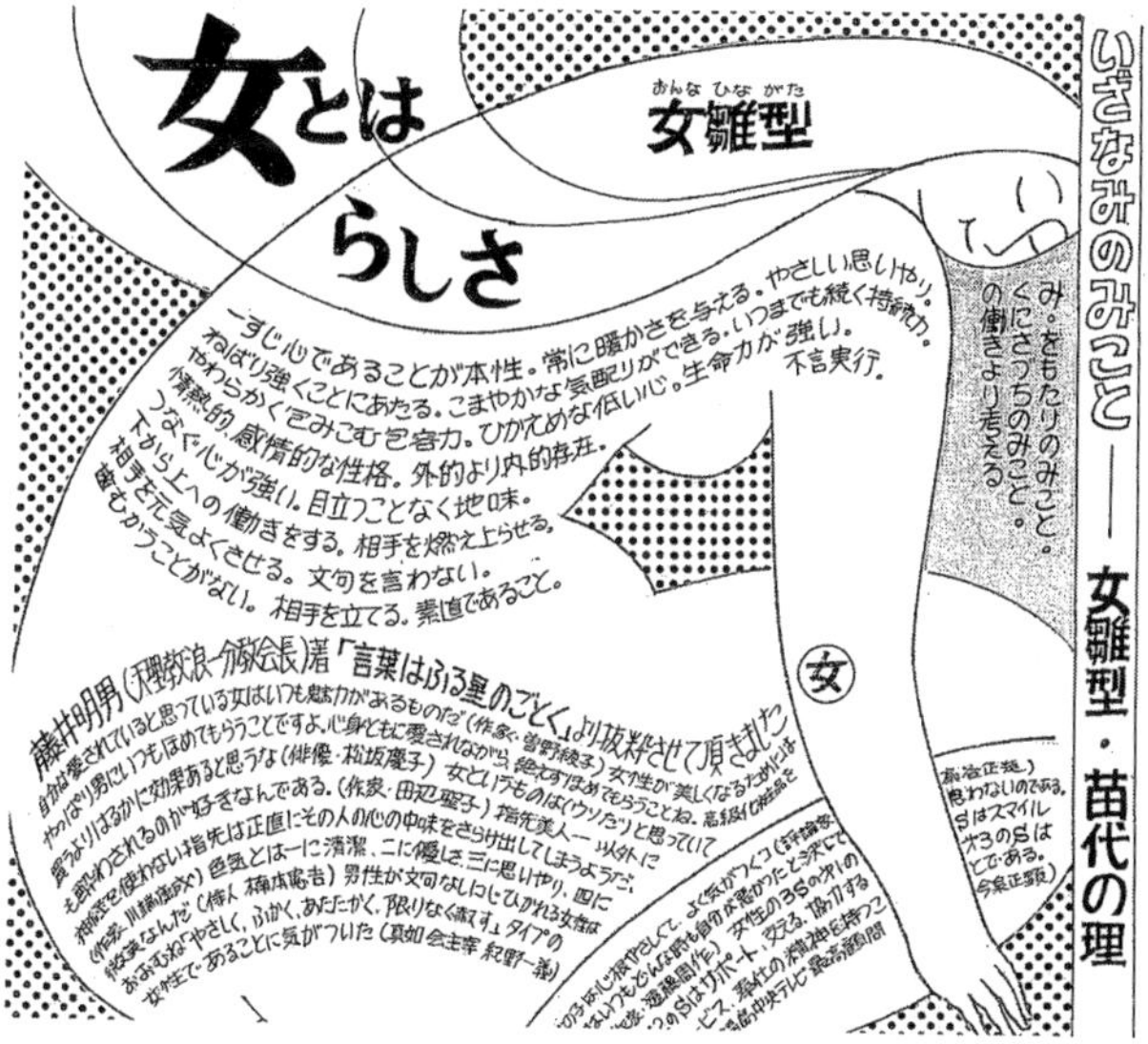

・相手を元気よくさせる。

〇女らしさの魅力

・常に暖かさを与える。

・やさしい思いやり。

・ひかえめな低い心。

・生命力が強い。

・つなぐ心が強い。

〇その他女らしさの特徴

・外的より内的存在。

・下から上への働きをする。

③「苗代」からの思案

・苗代は、種を蒔く場所、すなわち受ける場所です。

天地でいえば地の理なり

大地は大きく広がって

何でも逃さず選ばずに
どんなものでも受け止める
・苗代は育てる力があります。
たっぷり含む水分と　ものを育てる栄養分
何でも包むやわらかさ　居心地のいいあたたかさ
大気の恵みをいっぱい受けて　種は芽をふく根を伸ばす
すくすく育て幹伸ばし　枝葉も繁り花も実も
やがて立派な大木になっても倒れぬ地の力
・苗代は女性の働き。
女性に与わる不思議な力
子宮という名の苗代が　子種を受け止めつつみこみ
新たな生命の出発を　やさしくかかえ育んで
十月《とつき》余りの時間の守り
やがて元気な産声《うぶごえ》で　この世に踏み出す第一歩
守り育てた苗代の理

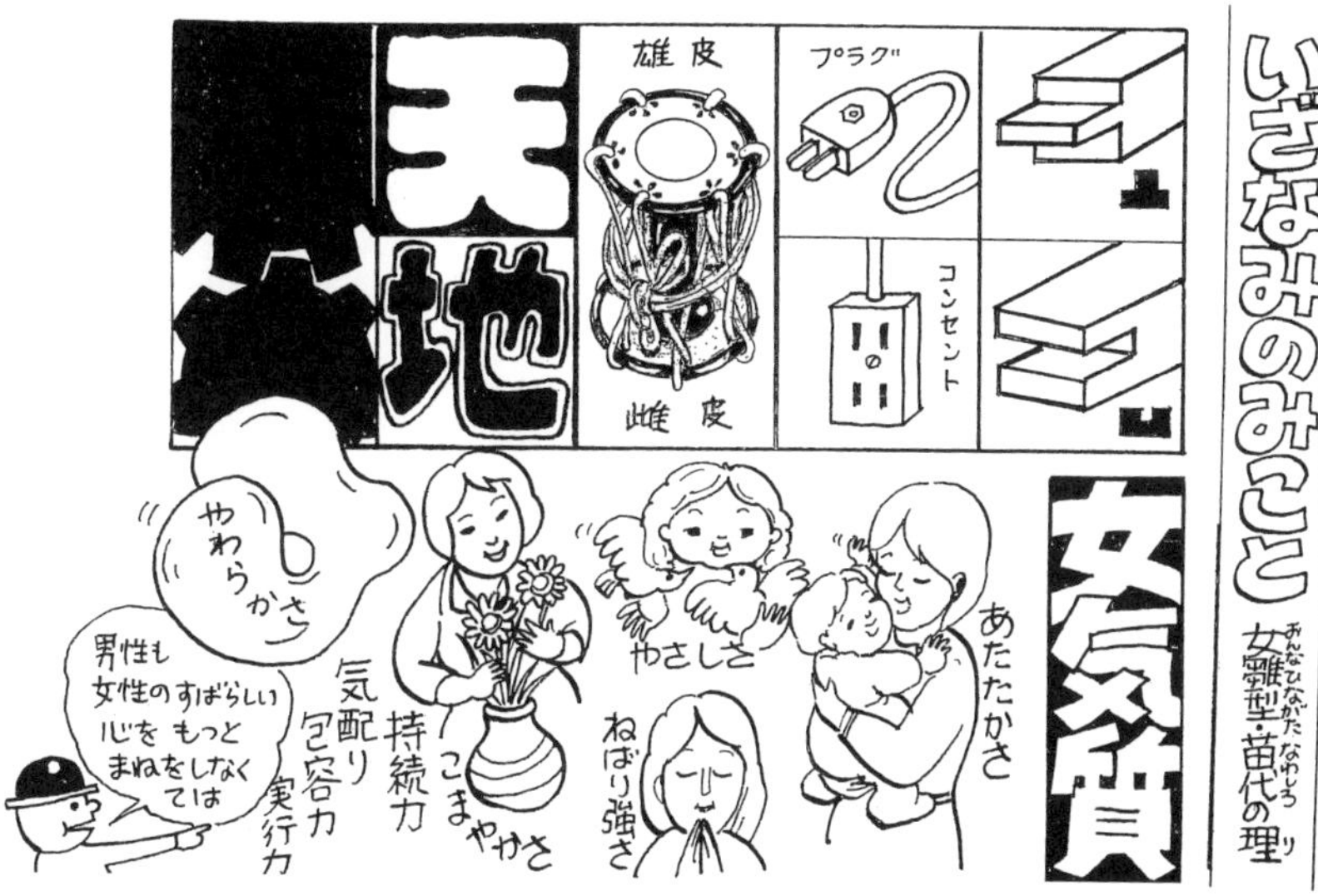

三つのリズム

1が種、2が苗代、3が芽生え、とするならば、三つのリズムの二番目がこれぞまさしく苗代の理。

1で最初に種まき、2で蒔かれた種を受け、3はその種の育ち（現れてくる姿）です。

・話し　1．人が話せば　2．しっかり聞いて　3．人に安心させるよう。

・キャッチボール　1．ボール投げたら　2．正しく受けて投げ返す　3．キャッチボールの面白さ。

・電波　1．発信　2．受信　3．安心通う連絡網。

・電話　1．電話が鳴ります　2．やさしく受けりゃ　3．楽しい会話はずみます。

・身上（病気）事情　1．身上事情に困ったら　2．心を点検、見直せば　3．ご守護の世界が見えてくる。

・神の声　1．この世を救ける神の声　2．貧に落ち切る我が教祖　3．世界たすけの第一歩。

・全ての事柄（成ってくる事）　1．どんな事態になったとて　2．自分にとっては良きことと　3．思う心に良き結果。

2番目のリズムをよくよく思案、ほのかに見えるイメージが女雛型、苗代の理。

◇いざなぎのみこと　いざなみのみこと

この世は、男と女だけの世界、二つ一つが天の理の世界です。

母体に人間の生命が宿ってから六週間ぐらいは、みんな女性型であるといわれます。7週間目ごろ男性ホルモンが活発に働いたものだけが、男性型に変化していきます。両親から半分ずつ受け継いだ遺伝子に男性・女性のもとがあり、その染色体に多種多様なホルモンの働きが加わって、男性・女性に完全に分かれていくのです。

男女の一番大きな違いは、女性は大人になれば子供を産み育てることができるということです。男性は生殖器が外に出ているが、女性は体内にあるということ。また、外見的にいえば、平均すると男性の方が骨格も筋肉も大きくゴツゴツした感じで、それに対して女性は骨格や筋肉は少し小さくてなめらかな感じです。

男性と女性を造り分けられ、二つで一つのものを生み出すように造られた親神様のこの働きを、今さらながらに驚嘆し、その守護に感謝します。

「いざなぎのみこと」「いざなみのみこと」について「おふでさき」では、

いざなぎといざなみいとをひきよせて
にんけんはぢめしゆごをしゑた　（六　31）

このやしきにんけんはじめどふぐハな
いざなぎいゝといざなみとなり　（十二　142）

「いざなぎのみこと」「いざなみのみこと」のお働きは、男・女の雛型という働きの外にもう一つ、男は「種の理」、女は「苗代の理」という働きがあります。

ですから、男性は「種」、女性は「苗代」という言葉に代表してふくまれる親神様の思召と意味あいとを考え味わい、男性、女性の心の定規としていかねばならないのです。

「種」には数え切れないほどのたくさんの仕掛け（情報）がセットされている。その仕掛

いざなみのみこと
女雛型・苗代《なわしろ》の理《り》
女性は『苗代』という言葉でお教え下さる働きがあります。だから、男性は『種』という言葉に、女性は『苗代』という言葉に代表してふくまれる、親神様の思召しと意味あいとを考えそして味わい、男性、女性の心の定規としていかねばなりません。
女
大切に育てられて……
「種」の中にセットされた仕掛けが、苗代の中で一つ一つほぐれて、守られ育てられて、約束どおりの親神様の立派な〝作品〟が出き上りました。
苗
代
受けて育てる苗代
NAWA SHI RO
苗代とは結果(成就)への母体
女

けが苗代の中で一つ一つほぐれて守られ育てられて、約束通りの親神様の立派な「作品」が出来上がります。

「種」と「苗代」の関係は、種だけでは発芽しませんし、苗代だけでも何の役にも立ちません。やはり、よい種をよい苗代に蒔き、二つが一つになり、はじめて発芽するのです。

男性としての働きを種に学び、女性としての生き方を苗代に学ぶことで、男性と女性が相和《あいわ》し、二つで一つの働きを成す時、立派な次の世代を生み育てることが出来ます。男と女の定規が、種と苗代です。

このように、世の中にある様々な現象全てに対して「十全の守護」「十柱の神名」の、どの働きに関係するかを悟ってみると、色々見えてくることがあります。そのことを「おたすけ」の糸口にして世界たすけのようぼくとして働かせてもらえたら何よりと思います。

2.「元の理」川柳

「元の理」に込められた「をや」の思いを、私なりに簡単に表現すると、こんな感じかなと思い、「川柳」にまとめてみました。川柳を通じて、私の「元の理」に対する思いを感じてください。「元の理」の教えを「おたすけ」や「たすかり」のためのヒントにしていただければ幸いに思います。

元の理は陽気ぐらしの原動力

「元の理」には、親神様が人間の陽気ぐらしするのを見て共に楽しみたいとの思召で、この世と人間をお造りくだされた強い思いが込められています。「元の理」の教えこそが、人間が陽気に暮らすことが出来る力の元です。

ありがたや元はじまりに血路あり

人間は困ったことがあるとなかなか陽気に暮らすことができません。しかし、私たちの暮らしの中で、人生の窮地《きゅうち》と言えるような困難な状況に出会ったとき、その状況から切り抜けていく道がこの「元の理」の教えの中にあります。困ったときにこそ「元の理」に解決の糸口を求めてみましょう。なんとありがたいことじゃないですか。

元の理で何かが起こる不思議なり

「元の理」の教えを様々な出来事の解決に向けての思案の置き所とした時、私たち人間にはどういう訳か分かりませんが、親神様の計り知れないお働きによって何か不思議なことが起きてくるのです。

元の理に並ぶたすけのキーワード

「元の理」の教えの中には、私たち人間に親神様の真意（人間に陽気ぐらしをさせて共に楽しみたいという思召）を知らせ、私たちがたすかったり、たすけさせてもらったりするための悟りのヒントとなるキーワードをいっぱい並べてくださっています。

方角も数も仰せの親心

「元の理」に出てくる方角や数字などは、陽気ぐらしするためのヒントですから、生き物の引き寄せられた方角は四方八方。数字は1から10まで。働きも十全。全て抜け目なく出ていきます。たすけてやりたいという親心が見えてきます。

たすけには欠くこと出来ぬ元の理が

「元の理」の教えの中にこそ、様々なおたすけに役立つ物事の思案の置き所が潜《ひそ》んでいます。それが手品の種のように、不思議がおたすけの上に現れて来るのです。この「元の理」を、みなさん！　おたすけのための必要不可欠な教えとして、是非とも我が物にしてください。

元の理は知るより伝えるものなりき

教祖の道は、万人たすかる道です。それは誰でも出来るということです。理解していなくてもそのまま伝えることは誰でも出来るのです。人は、物事を知って自分のものにしてからしか行動に移しにくい生き方をしがちです。しかし、そうではないのです。知覚動考。

「ともかく動こう」です。まずは伝えましょう「元の理」を。そこに親神様のお心に通じるものがあり、たすかりにつながる道筋があると信じます。

おつとめの元に渦まく元の理が

教祖は世界一列たすけるために「おつとめ」を教えてくださいました。おつとめをつとめる事であらゆる難渋をたすけて戴けます。ご守護が現れるのは、おつとめの元に「元の理」の力が渦まいているからです。そのおつとめでこの世は陽気世界に立て替わっていくのです。さあみなさん、「元の理」パワーの詰まった、ご守護満載のおつとめを勤めていきましょう。

3. 「元の理」不思議体験者からの手紙

―私は「元の理」でたすけていただきました―

私が「元の理」の虜になって以来、多くの方々に「元の理」の話を語り出していると様々な不思議体験をされる方が出てきました。そういう方々からいただいたお礼のお手紙を、ほんの一部分ですがご紹介させていただきます。

何でそうなるの？

突然お手紙を差し上げましたことお許しくださいませ。私は先日、T詰所で「元の理」の講演を聞かせていただきました○○と申します。「この話を聞くと何かが起きる人がいる」との先生のお言葉に、「そうなのかしら?」と思うておりました。講演が終り詰所を出たその時、私の身にそれは起りました。

私達夫婦は米穀商を父の代より営んで居ります。八年前には借地に銀行融資1千万円でコイン精米機と米の自動販売機をオープン致しましたが、借金600万円を残し経営難となり先月26日で閉店致しました。

先生のお話を聞いた2月25日は機械解体の日でした。未納の借地代135万円を4月までに一括返済するように迫られ、返済の当てもなく心を倒して居りました。機械を売却したお金で返済するしかないのですが、売却は困難を極めておりました。

T詰所まで迎えに来てくれた主人の車に乗ったとたん、「今日のお話を聞いたら何かが起きるかも知れないと先生が仰ってたわ」と申しますと、「起きた！」と主人。「えっ、何が起きたん?」するとと「機械の一部が50万円で売れたと今電話があった。」……。私は信じられない思いと、仰る通りの世界があるのだという思いで言葉も出ませんでした。そして3月21日、残り85万円も無事、機械の売却により作ることが出来ました。

先生の講演1時間前に、T分教会の奥様より「聞きにおいで」とお声がかかり、全ての用事を後回しして飛んでいったことへの何かの神様のお声かとも思って居ります。

岡田先生の講演を聞かせていただくというご縁をいただき、本当にありがとうございました。

T分教会　ようぼく

1週間に4人の別席者

拝啓、先日(2月25日)詰所でお話を聞いた者です。私は平素から肩はこらないのですが、前日(2月24日)夕刻から右首から肩、腰にかけて何とも言えない痛みを発し、腕から切り捨てたいような状態で、夜中痛くて目が覚めました。主人を起こして肩をもんでもらう程で、朝シップ薬を張ってもらって詰所まで出かけました。

先生の講話をお聞きし、皆さんに早速「元の理」の読み聞かせを実行させていただこうと話し合いながら、うれしく教会へ帰りました。肩がかゆいのでシップ薬を張っていたことを思い出し、昨晩から肩が大変だったことも思い出しました。今は肩が軽く、翌朝もすっきりしていました。また、義妹も最近、午前3時頃と5時頃トイレに行きたくなるのでぐっすり眠れず頭がボーとしている、と言いながら教会に来てくれているのですが、26日は朝6時半までぐっすり休めて頭がスッキリしたと言うのです。これって御守護なのでしょうか。

それから、息子さんのことでにおいがけをしていた43歳のご夫婦が来られて「元の理」を読ませていただき、いろいろお話をさせていただいたら、お二人共是非別席を運ばせてくださいということで、3月27日に約束がきまりました。

3月1日、月次祭の朝づとめに参拝の人たち全員で「元の理」を拝読。その中にいた39歳の青年が明日2日実家に帰るから、仲がうまくいかない両親と兄夫婦に「元の理」を読んでから別席をすすめてみます、と言ってくれました。すると両親が是非別席に連れて行ってほしいとのことです。3月11日に約束がまとまりました。わずか1週間で4名の別席者が出来ました。これって神様がお喜びくださっているのでしょうか?　本当に不思議です。それに私の体もとても快調です。本当にありがとうございました。

Y分教会　S・T

教会の玄関を開けたらお供えが……

前略　不思議なことがありましたので、ご報告申し上げます。

平成23年7月18日の早朝、私が教会の玄関を掃除しようと思い戸を開けたら、玄関の前に大きな段ボール箱が三段に積んであったので、一体なんだろうと思って箱を見ると清涼飲料水の入った箱でした。誰が置いていったのかわからないので一瞬その頃流行《はやり》のタイガーマスク？　と思いました。よく見ると最上段の箱の上に二袋の茶封筒があったので、何か手紙でもと思って、一つの封筒を見ると確かに私の下の名前が書いてありました。自分宛てのものだと分かったので、封筒の中を見ると一万円札が五枚入っており、手紙のようなものは何もありません。一瞬、心がさわいでもう一つの封筒を手に取ると、先程のものより分厚いものでした。まさかと思い、開けてみると何と一万円札が百枚入っていました。私は狐につつまれたようで、何が何やら訳が分からず、心当たりもないので、どうしたものかと思い、その日は一日中教会で待機していましたが、一向に連絡もなくそれっきりでした。

いろいろ思案する中に心が向いたのは、現在大教会では、神殿普請の真っ最中であり、来年は落成奉告祭がひかえている旬。全教会挙げて「ふしん金」のお供えが第一の懸案事項の最中だし、これは神様の思し召しと思い、今月大教会へ全て御供えさせていただきました。
それこそ変わったことと言えば、家内が朝づとめ後に「元の理」の拝読を始めたことしか考えられません。私も今さらながらに「元の理」のすごさを実感し、それ以来夫婦揃って「元の理」を拝読させていただいております。

T分教会　M・Y

出直していく中にもご守護がある

初めまして。私は昨年の夏、部内教会の奥様に先生のCDをお借りして初めて聴かせていただきました。私の友人で51才の女性が修養科に入った頃でした。その友人は4年半前にスキルス性の胃癌を発病し、リンパなどに次々と転移をし、末期の状態での修養科でした。発病してから毎日のようにおさづけを取り次がせていただき、そのお陰で一日も休むことなく無事修了させていただきました。おさづけの理も拝戴させていただき、生涯おたすけをと誓っていましたが、修養科修了後まもなく腹水が妊婦のように溜まるようになりました。彼女は神実様をお祀りさせていただき、講社祭を一度つとめさせていただきましたが、まもなく入院し、先月3月に出直しされました。

彼女は身上の中にあっても明るく素直で、沢山の仏教徒の親戚の方や、沢山の友人に、自分は天理教のおさづけのお陰で生きているんだと話していました。

私は先生のCDを聴かせていただいた時とても感動し、今度は、この「元の理」のお話で友人を救けさせていただけると思いましたが、なかなか暗記できなかったので紙に書き写し、彼女が修養科から戻ると、それを読んで聞かせました。その後どんどん身体が動かなくなる彼女でしたが、不思議と痛みはなく、亡くなる前日もおさづけの後「元の理読んで」と言ってくれました。読ませていただき彼女を見ると、ゆっくり目を開け「あゝいいお話だった」とニッコリ笑っていました。その晩、苦しむことなく眠ったまま出直されました。彼女が出直されたあと、日が一日一日経つにつれて神様がどれほど御守護くださっていたかと、感謝の気持ちでいっぱいです。

この壮大な「元の理」のお話を、先生のお蔭でしっかりと胸に治めさせていただき、友人がどれほど心安らかに出直されたか、どれほど魂が救われたかわかりません。この感謝の気持ちを忘れず、私も生涯この「元の理」を多くの方に取り次がせていただきたいと思います。

H大教会　M・O

著者略歴

岡田　悟（おかだ・さとる）
昭和十八年　滋賀県・甲賀大教会に生まれる
天理大学文学部宗教学科卒業
天理教少年会本部元委員、布教部講演講師
甲賀大教会役員、甲加賀布教所前所長

主な出版物
絵本「おやさま」・天理教少年会本部刊　おやさまかるた・天理教道友社刊　「元の理リーフレット」（平成二十九年十二月号にて三〇〇号）

どろ海からのメッセージ
わたしの「元の理」

著　者	岡田　悟
発行者	冨松幹禎
発行日	立教 180 年（平成 29 年）10 月 26 日 第 1 刷発行 立教 181 年（平成 30 年）12 月 1 日 第 4 刷発行
発行所	図書出版　養徳社 〒632－0016　奈良県天理市川原城町 388 電話（0743－62－4503）振替 00990－3－17694
印刷・製本	（株）天理時報社 〒632－0083　奈良県天理市稲葉町 80

ISBN978－4－8426－0122－9　　定価はカバーに表示してあります。